AVANT-PROPOS

Homère*[1] a été surnommé le « Père de la Poésie ».

Son œuvre, long chant héroïque et poème d'aventures, a créé l'art et la littérature antiques. Elle est, en même temps que la plus lyrique épopée, une « histoire », la plus ancienne histoire de l'Hellade[2].

À travers les fictions on y peut voir une peinture de la vie publique et intime des Grecs, au début de leur civilisation. L'*Iliade* chante les guerriers, leur superbe mépris de la mort, mais aussi leurs appétits et leurs colères ; l'*Odyssée* est le poème des marchands et des explorateurs de terres inconnues. C'est toute l'âme grecque, à la fois héroïque, subtile, aventureuse, qui s'offre à nous dans ces vieux récits que, sur un fond de vérité, a dépeinte l'imagination des aèdes[1].

* Toutes les notes sont de l'éditeur.

1. Voir la rubrique « Pour en savoir plus... » dans le cahier-jeux.
2. Nom en grec de la Grèce.

CONTES ET RÉCITS
tirés de l'*Iliade*

CHANT I

COLÈRES DE ROIS

MUSE, chante la colère d'Achille, cette funeste colère qui plongea les Grecs dans un abîme de douleurs ; qui, avant le temps, précipita dans les sombres demeures de la Mort une foule de héros et qui, de leurs cadavres ensanglantés, fit la pâture des chiens et des vautours. Muse, chante cette colère qui divisa le fils de Pélée[1] et Agamemnon, le monarque des rois...

. . . .

Depuis près de dix années les Grecs ont mis le siège devant Troie.

1. Achille est le fils de Pélée, roi de Phthie, en Thessalie et de la divinité marine, Thétis, elle-même fille de Nérée, appelé « le Vieillard de la Mer ».

Troie est l'antique et puissante cité de Priam, le descendant de Dardanus. Elle est située au nord-ouest de l'Asie Mineure, et si fortifiée que le vieux roi qui la reçut en héritage parcourt ses remparts sans trop d'inquiétude.

Pourtant, de l'autre côté de la plaine sablonneuse qui sépare la ville de la mer, l'armée des Grecs s'est installée. Elle est nombreuse ; ses tentes de lin safrané et pourpre se dressent comme une autre cité ; et les mâts des douze cents vaisseaux qui l'ont amenée sur le rivage asiatique se profilent sur le bleu profond de la mer comme une sombre forêt.

Dix années ! Il y a presque dix années que les rois grecs sont venus mettre le blocus devant la grande ville de Priam. Ils n'ont pas de machines de guerre pour ébranler ses murs. Ils ne peuvent que l'affamer. Mais les assiégés ont empli leurs greniers abondamment et, décidés à vaincre, à lasser les ennemis par leur persévérante résistance, ils ont accepté de grand cœur les privations que leur demandent leur roi et les Dieux.

Car les Dieux, les majestueux Dieux de l'Olympe vivent avec des hommes, partageant souvent leurs sentiments et leurs travaux. Du haut des cimes sublimes que cachent les nuées, leurs regards ne quittent pas le coin de terre où les héros de l'Achaïe[1] et ceux de la Troade[2] s'affrontent dans une lutte mortelle.

Et les Dieux ne contemplent pas ce spectacle avec indifférence. Ils ont pris parti, les uns pour les Grecs, les autres pour les Troyens. C'est, au sein de l'Olympe, une division qui verse la colère dans ces cœurs divins.

1. L'Achaïe, peuplée par les Achéens, désigne l'ensemble de la Grèce.
2. La Troade constitue le pays de Troie.

Junon, l'épouse de Jupiter[1] le Tout-Puissant, s'est faite l'ardente alliée des Grecs. Leurs motifs de haine contre Troie sont devenus les siens. Elle y ajoute une rancune personnelle : le beau Pâris, un des cinquante fils de Priam, ayant été pris comme arbitre par Junon, Minerve et Vénus, qui se disputaient la palme de beauté, a proclamé Vénus la plus belle des déesses. Depuis ce temps, Junon et Minerve ont pris en horreur la race de Dardanus, et leur fierté blessée les a portées à secourir les Grecs.

Vénus, elle, a voulu montrer sa reconnaissance à Pâris et elle a entraîné Mars, le dieu de la guerre, dans le parti des Troyens ; Apollon, le dieu de la lumière, s'est joint à eux. Le reste des célestes habitants de l'Olympe assiste, troublé et incertain, à cette grande dispute entre les Dieux. Et, au-dessus de ces deux foules hostiles — les Divinités et les hommes —, Jupiter, arbitre souverain de la mort et de la vie, être suprême et divine Intelligence, donne à son gré aux combattants la défaite ou la victoire. Le Destin est entre ses mains.

C'est lui, le roi des Dieux, que les hommes implorent. Troyens et Grecs le supplient avec une égale ferveur, lui faisant des sacrifices et des offrandes qui lui sont pareillement agréables. Et depuis dix années, sur les autels de Troie comme sur ceux que les Grecs ont élevés parmi les rochers du rivage, des spirales d'encens montent vers le Père impassible.

Peut-être une secrète préférence habite-t-elle le cœur tout-puissant : cette Troie qu'il sait condamnée par le Destin — l'inflexible loi qui mène toutes choses — l'émeut par son héroïque résistance. Mais malgré

1. L'auteur désigne les divinités sous leur nom latin, selon la tradition littéraire classique.

la pitié qu'il ressent pour la race et la ville de Priam, il ne les dérobera pas au tragique sort qui les attend, à la punition qu'a méritée le crime de Pâris.

Pâris, qui a allumé entre les Divinités le flambeau de discorde, est aussi la cause de la mortelle querelle entre les hommes. Pendant un séjour en Grèce à la cour du roi de Sparte, Ménélas, il a abusé de l'hospitalité généreuse qu'il y a reçue. Profitant d'une absence de Ménélas, il a enlevé l'épouse de celui-ci [1] et a pillé ses trésors. Puis, fier de ce vol, il a ramené à Troie sa captive et son butin.

À la nouvelle de ce brigandage toute la Grèce a poussé un cri de colère. Certes, la conquête du sol et de ses richesses avait donné lieu, naguère, dans l'Achaïe, à des actes de violence, rapt ou meurtre ; le brigandage avait été le métier des premiers occupants. Mais peu à peu les sentiments de justice innés dans le cœur humain, les progrès de l'intelligence avaient dominé les instincts brutaux, et la Société s'organisant dans les divers États de la Grèce, le goût et le respect de la propriété s'étaient fortifiés. Pâris, voleur de femme et de trésors, a donc dressé contre lui, non seulement le roi qu'il a frustré mais la Grèce tout entière.

C'est pour venger l'injure qui lui a été faite dans la personne d'un de ses chefs que la Grèce a amené sur le rivage de la Troade l'élite de ses guerriers, aussi résolue à punir l'offenseur et son peuple que ceux-ci le sont à se défendre.

La cause de la Grèce est juste et juste son désir de punir le coupable ; c'est pourquoi Jupiter, tout

1. Hélène, fille de Jupiter et de Léda. Elle passe pour la plus belle femme du monde et Vénus l'a offerte à Pâris pour le remercier de lui avoir attribué le premier prix lors du concours de beauté entre les déesses.

apitoyé qu'il soit en songeant au destin des Troyens, demeure inébranlable. Il a posé dans la paume de sa main son visage aux regards fulgurants. Il regarde. Il écoute.

Le camp des Grecs est en émoi.

Dix jours auparavant un prêtre d'Apollon, Chrysès, a abordé au rivage troyen, suppliant et gémissant. Dans une de leurs incursions sur les îles ioniennes, alliées de Priam, les Grecs ont emmené parmi d'autres captifs la belle Chryséis, fille de Chrysès. C'est Agamemnon qui, lors du partage du butin, a reçu Chryséis comme récompense.

Agamemnon commande à toute l'armée des Grecs. Il est le frère de Ménélas. C'est lui qui, lors du rapt d'Hélène, a parcouru la Grèce, appelant aux armes les différents rois. Ceux-ci l'ont mis à leur tête. Il appartient à la race des Atrides[1]. Il en a toute la fierté, tout le désir de domination. L'âpreté est aussi un grand ressort de son âme, et le besoin d'aventures, l'espoir d'un riche butin n'ont peut-être pas été étrangers à sa volonté de rendre la puissante Troie responsable de l'offense faite à Ménélas par Pâris.

C'est cette même âpreté qui lui a fait repousser avec dédain la prière de Chrysès, le père affligé.

— Fuis, vieillard, a-t-il dit, si tu ne veux pas sentir que tes inutiles supplications font naître ma colère. Ta fille vieillira dans mon palais d'Argos, loin de sa patrie. Elle sera ma servante et tournera le fuseau.

Chrysès menacé dans sa vie est remonté sur sa nef et a supplié Apollon de punir les Grecs de l'injure qui lui a été faite, à lui son prêtre soumis. Et le dieu, bandant son arc d'argent, a lancé sur l'armée

1. Agamemnon et Ménélas sont les fils d'Atrée, lui-même petit-fils de Tantale, roi de Lydie, qui se disait fils de Jupiter.

d'Agamemnon des traits porteurs de peste, qui décimèrent hommes et bêtes.

— Assemblons-nous en conseil, propose Achille, et consultons les prêtres et les augures. Ils nous diront quel motif déchaîne sur nous la colère d'Apollon et quel sacrifice pourra l'apaiser.

L'avis d'Achille est aussitôt écouté car nul n'a plus d'autorité que lui parmi les chefs de l'armée. Sa valeur sans égale, sa divine beauté — qualité si précieuse aux yeux des Hellènes — lui valent l'admiration de tous. Il est le fils de Thétis, la déesse des eaux. Il en ressent un juste orgueil et il n'accepte qu'avec impatience l'autorité suprême d'Agamemnon, qu'il juge son inférieur comme courage et comme naissance.

Chalcas, le meilleur devin de l'armée, s'avance au milieu des Grecs rassemblés.

— Achille et vous, rois, dit-il, je viens d'interroger les entrailles des victimes offertes à Apollon. Et voici ce que j'y ai lu. Le dieu nous punit d'avoir refusé Chryséis à son père. Il ne cessera de nous frapper que lorsque nous aurons renvoyé à Chrysès sa fille, sans rançon...

— Malfaisant augure, s'écrie Agamemnon en se levant, avec un regard de rage du siège où il trône, tes paroles n'annoncent jamais que des événements funestes. Tu voudrais me priver de ma captive. Je n'accepterai de faire ce sacrifice que contre une autre compensation. Je suis le chef ici, je ne veux pas être le seul à n'avoir aucun butin de nos victoires.

— Quelle âpreté est la tienne, Agamemnon, fait Achille que l'orgueil du fils d'Atrée dresse, frémissant. Nous avons partagé déjà tout le butin conquis. Il te faut attendre, pour te compenser de la perte de ta captive, que Troie tombe entre nos mains.

— Non ! crie le roi d'Argos furieux. Il ne sera pas dit que j'attendrai comme un esclave patient ma récompense des jours à venir. Si les Grecs ne m'offrent rien qui puisse me faire oublier la perte de Chryséis...

— Que feras-tu ? fait vivement Achille.

Celui-ci abaisse son poing lourd sur le bras de son trône qui gémit.

— J'irai t'arracher à toi, Achille, ou à Ajax et à Ulysse les captives qui vous ont été données en partage. Que Chryséis parte, le salut des Grecs l'exige. Mais je me vengerai.

— Tyran, s'écrie Achille outré de colère, quoi, tu oserais abuser de ce pouvoir que nous t'avons confié et t'emparer des biens de l'un de nous ? Tu me menaces, moi qui n'ai mené vers Troie mes vaisseaux et mes guerriers que pour venger l'injure faite à ta famille. Tu mériterais que je t'abandonne sur ce rivage.

— Qui te retient ? fait ironiquement Agamemnon. Je dédaigne ton secours, tu peux partir avec les tiens. Mais pour te prouver que nul ici ne commande quand j'ai parlé, je t'enlèverai ta Briséis.

Achille transporté de fureur saisit son épée. Ulysse, Ajax se précipitent entre les deux rois. Mais déjà le fils de Thétis par un suprême effort sur lui-même a repoussé son épée au fourreau. Sans doute Minerve, en apercevant la dispute surgie entre ces Grecs qu'elle chérit, a-t-elle arrêté le bras du héros. Achille se dominant se contente de regarder Agamemnon avec mépris. Il étend la main dans un serment solennel :

— Je jure, dit-il, qu'un jour viendra où le secours d'Achille que cet insensé repousse si légèrement sera demandé à grands cris par les Grecs. Dussent tous nos guerriers tomber sous les coups du fils de Priam, du redoutable Hector, je n'oublierai pas l'injure que tu veux me faire.

Tous les chefs grecs se regardent avec inquiétude, mais l'accent d'Achille a été tel, le ressentiment qui se lit sur le visage des deux rois si farouche que nul ne trouve des paroles capables d'apaiser ces cœurs orgueilleux. Ulysse, le roi d'Ithaque, malgré son habituelle subtilité reste muet. C'est que devant le torrent des colères, les détours de la ruse ne parviennent pas à se dresser comme une digue. Il faut autre chose que de l'adresse. Et c'est pourquoi, alors que vingt rois ardents et énergiques demeurent sans voix dans cette querelle qui risque de diviser gravement les Grecs, un vieillard se lève.

C'est Nestor, le roi de Pylos. Il a mené vers Troie quatre-vingt-dix vaisseaux. Si son âge l'éloigne du combat, sa sagesse règne aux conseils. Il hoche la tête avec tristesse et dit d'une voix douce :

— Ne t'emporte pas, Achille. Souviens-toi que l'Atride commande ici, de par notre commune volonté. Son âge, le nombre de ses peuples le rendent aussi digne de ton respect. Tu es le rempart de la Grèce, Achille, calme ta colère. Et toi, Agamemnon, quelle que soit ta puissance songe qu'elle ne peut braver le droit. N'enlève point à Achille l'esclave qu'il aime et qu'il a reçue en juste partage.

Mais Nestor a parlé en vain, le cœur des deux rois est trop ulcéré et l'assemblée se sépare dans un silence lourd de menaces. Achille se retire sous sa tente, tandis qu'Ulysse, chargé par le conseil de reconduire Chryséis à son père, se met aussitôt en route.

Agamemnon a appelé deux de ses officiers :

— Rendez-vous près d'Achille, commande-t-il. Saisissez-vous de Briséis. Amenez-la dans ma tente. Si une résistance est faite à mes ordres, je saurai sévir.

Les officiers obéissent à regret. Ils se présentent devant Achille. Le cœur du jeune héros bondit de douleur et de rage, pourtant il ne tente rien pour s'opposer au départ de la belle captive. Achille s'est juré de ne pas entrer en lutte avec les Grecs et pendant que Briséis s'éloigne en pleurant, il la suit des yeux, sanglotant mais immobile.

Son fidèle ami Patrocle voudrait le distraire de sa peine, mais Achille le repousse et marche le long du rivage en murmurant le nom de Briséis. Puis, tendant les bras vers les vagues que dore le soleil, il invoque sa mère, la blonde Thétis.

Celle-ci n'est pas restée insensible aux appels et à la douleur de son fils. Elle accourt près de lui, le serre sur son cœur et lui essuie les yeux.

— Venge-moi, lui dit Achille. Tu as rendu jadis un grand service au roi des Dieux. Va le supplier pour moi. Qu'il châtie les Grecs qui m'ont laissé offenser sans me défendre, qu'il châtie l'âpre et brutal Agamemnon. Les guerriers troyens n'osent pas se mesurer à moi. S'ils savent que je ne combats plus avec les Grecs, ils engageront la bataille. Je veux, oh ! je veux que ceux qui ont osé insulter Achille arrosent de leur sang le rivage de Troie.

Thétis promet au jeune homme de s'employer à punir l'outrecuidante tyrannie d'Agamemnon et, sans perdre de temps elle prend sa course vers l'Olympe. Elle se prosterne aux pieds du roi des Dieux et embrasse ses genoux, humblement.

— Ô Jupiter, supplie-t-elle, moteur du Monde, écoute-moi. Venge mon fils en humiliant les Grecs et en leur faisant sentir durement ce qu'ils ont perdu en perdant le secours d'Achille.

Jupiter se laisse attendrir par les larmes de cette mère. Il sait que le destin d'Achille sera bref et que si une gloire éternelle est réservée au jeune héros, sa vie doit être coupée comme une fleur pleine de sève.

Pendant que Briséis s'éloigne en pleurant, il la suit des yeux. (Page 15.)

— Relève-toi, Thétis, dit-il avec douceur à la déesse affligée, nous donnerons à Achille cette sombre joie de voir à ses pieds ceux qui l'ont traité sans ménagements. Je vais abuser par un songe l'orgueilleux Agamemnon et je l'engagerai à tenter un assaut contre Troie. Ainsi il hâtera l'usure de son armée et saura ce qu'il en coûte de se priver d'un de ses meilleurs guides, d'un chef tel qu'Achille.

Thétis se relève consolée et rentre dans sa demeure aux luisantes et mouvantes vagues, non sans avoir auparavant rassuré d'un signe son fils qui erre encore au bord de la mer.

— Ah ! Patrocle, s'écrie Achille en courant à son ami. Jupiter a entendu ma douleur, il compatira, il me vengera de l'orgueilleux Agamemnon.

— Hélas ! soupire Patrocle, oublies-tu, ô divin Achille, que le sang grec coule aussi dans tes veines et que tu condamnes dans ta colère ceux qui sont tes frères par la race ?

Achille a rougi à cette remarque attristée de Patrocle, mais son cœur est trop ulcéré par la rancune, et, sans un mot il regagne sa tente. Ses Myrmidons[1] ont, sur son ordre, mis leurs armes en faisceaux ; ils ont délacé leur cuirasse d'airain lamellé et se sont assis ou étendus sur le sol, se livrant aux douceurs de l'oisiveté. Mais leurs yeux restent tournés vers l'autre extrémité du camp où les guerriers du reste de l'Hellade s'exercent au combat. La pensée que leurs frères d'armes lutteront, vaincront peut-être sans eux, fait soupirer ces vaillants. Mais Achille a commandé, et aucun des siens ne murmure.

1. Guerriers de Thessalie. Ils constituent la troupe d'élite commandée par Achille.

Dix fois l'aurore a redonné la lumière au Monde, quand Jupiter qui n'a point oublié la prière de Thétis ni sa promesse envoie un songe à l'Atride. Il lui a donné les traits du sage Nestor et des accents si persuasifs que lorsque Agamemnon s'éveille, il croit que ce jour est le dernier jour de Troie et que toutes les Divinités se sont rangées du côté des Grecs.

Il saute sur ses pieds, revêt sa tunique couverte d'un manteau de pourpre, se ceint de son baudrier et prend en main le sceptre antique de ses aïeux. Puis, quittant l'abri de sa tente, il ordonne aux hérauts de convoquer l'assemblée des chefs.

— Amis, leur dit-il quand les plus sages des guerriers l'ont entouré pleins d'impatience, un songe envoyé par les Dieux m'a visité cette nuit ; « Jupiter s'intéresse au sort des Grecs, m'a-t-il annoncé, arme tes guerriers, combats ; une perte inévitable menace les Troyens. » Je me suis éveillé, le cœur ému d'une telle assurance et je vous ai réunis pour vous demander conseil. Il est hors de doute que les Dieux sont avec nous.

Le vieux Nestor hoche la tête. Il interrompt d'un geste les exclamations enthousiastes des autres chefs.

— Dans une bouche vulgaire, fait-il, ce songe ne serait à mes yeux qu'illusion et imposture, mais c'est au grand Agamemnon qu'il est apparu, il est donc vrai. Armons nos guerriers et entraînons-les au combat. Mais n'oublions pas que voilà près de dix années que leurs luttes sont vaines. Cet effort que nous attendons d'eux, ne le leur demandons pas, qu'ils en viennent à le souhaiter eux-mêmes afin de combattre de leur plein gré, de leur propre ardeur. Atride, sonde leur courage, annonce-leur qu'il faut fuir et retourner dans notre patrie. J'ai confiance que c'est à grands cris qu'ils demanderont la bataille.

Nestor connaît le cœur des hommes. Agamemnon écoute son sage avis. Il fait assembler tout le camp, hormis les Myrmidons oisifs dans leur tente, et au milieu du silence étonné qui l'entoure, il crie :

— Guerriers, enfants de l'Hellade, Jupiter a trompé cruellement notre espoir de vaincre Troie et de nous enrichir de ses dépouilles. Pour notre honte, un peuple moins nombreux nous a vaincus par sa résistance. Neuf longues années se sont écoulées dans d'inutiles travaux ; le temps a détruit nos vaisseaux et usé nos cordages ; dans nos demeures solitaires nos femmes, nos enfants attendent notre retour. Puisqu'il le faut, obéissons à une cruelle nécessité, fuyons dans notre patrie. Jamais Troie ne sera à nous.

Un silence de mort a accueilli ce discours inattendu. Tous se regardent flottants, indécis. Thersite, le plus laid et le plus lâche des Grecs, qui n'a jamais cessé de semer dans l'armée la discorde et l'irrespect envers ses chefs, est un instant confondu. Ulysse ne lui laisse pas le temps de répliquer au discours fait par Agamemnon. Et après un regard à ce dernier :

— Fils d'Atrée, dit-il d'une voix grave et sonore, les Grecs ne veulent pas violer la promesse qu'ils t'ont faite. Ils ne rentreront dans la Grèce qu'après avoir détruit la superbe Troie. Nous n'avons pas attendu si longtemps pour nous en retourner humiliés et vaincus. Je me souviens, pour moi, des oracles de Chalcas, de la promesse du roi des Dieux de faire tomber sous nos coups le trône de Priam. Ne perdons donc plus de temps en stériles débats ; guide-nous à la lutte, Atride, et que la nuit seule mette fin aux combats.

Une immense acclamation s'élève du camp.

Tous ces hommes qui, quelques minutes auparavant, hésitaient sur le meilleur parti à prendre n'en voient plus qu'un devant eux : la lutte, la lutte ! Le tranquille courage d'Ulysse a réveillé, a décuplé cette ardeur.

Nestor s'unit à la protestation d'Ulysse. Les glaives se dressent dans un farouche appel au combat. Agamemnon feint alors d'être dissuadé de son projet.

— Vous voulez la lutte, dit-il, soit. Faisons encore cet effort. Nous savons que les Dieux s'intéressent aux Grecs. Touchés par notre patience, ils accorderont à notre courage le prix qu'il mérite. Demain à l'aube nous attaquerons. Apprêtons nos armes et qu'un grand sacrifice nous rende favorable le maître des Dieux.

Le reste du jour s'écoule en préparatifs guerriers. Les esclaves fourbissent les armes, décorent et réparent les chars, harnachant les chevaux. Les guerriers se montrent pleins d'entrain. Chacun se sent certain de triompher et se voit, en imagination, vainqueur du héros troyen, d'Hector lui-même. Il n'est question que de butin dans chaque tente. Les inutiles tentatives de tant d'années ont disparu des esprits, la Grèce est aimée des Dieux, elle doit vaincre, elle vaincra.

CHANT II

LES RÉSULTATS D'UN DUEL

Le printemps étale moins de feuilles et de fleurs que l'armée des Grecs ne compte de guerriers en armes des rives de la mer aux bords du rapide Scamandre. Il y a là les Béotiens que commandent Arcésilas, Pénélée, Létus ; les Phocéens sous les ordres du fils d'Iphitus, les Locriens avec pour chef Ajax[1], fils d'Oïlée ; les Eubéens qui obéissent à Eléphénor ; les Athéniens, le peuple cher à Minerve, qui a à sa tête Ménesthée ; Diomède, un des plus valeureux Grecs, mène le peuple d'Argos, Agamemnon celui de Mycènes, Ménélas celui de Lacédémone[2], Nestor celui de Pylos, Ulysse celui d'Ithaque, Mérion, Tlépolème, Thoas, l'intrépide Ajax[1], fils de Télamon, ont réuni les peuples des cités et des îles hellènes ; et cent autres

1. Deux guerriers grecs portent le nom d'Ajax : le premier, dit « petit Ajax », est le fils d'Oïlée et vient de Locride ; le second, appelé le « grand Ajax », est le fils de Télamon et le roi de l'île de Salamine.
2. Autre nom de la ville de Sparte.

chefs n'attendent pour monter sur leur char qu'un signe d'Agamemnon.

Celui-ci a offert le sacrifice rituel. Il répand l'orge consacrée sur le front du taureau de cinq ans qu'il vient d'immoler à Jupiter.

— Dieu puissant, s'est-il écrié, souverain maître de l'Olympe qui règne sur les nuages, ne permets pas que le soleil se couche dans les eaux avant que le palais de Priam ne soit tombé sous nos coups, avant que les guerriers troyens n'aient expiré à nos pieds.

La fumée du sacrifice n'a pas achevé de se disperser dans les airs que l'Atride donne à l'armée le signal du départ. Les chefs sautent sur leurs chars, la lance et le bouclier en main, tandis que leur long panache ondoie à la brise. La poussière de la plaine s'élève sous le crissement des roues et des pas.

Et au bord de la mer, à l'entour de la tente où songe tristement le morne Achille, ses guerriers regardent en silence s'ébranler l'armée des Grecs.

Du haut des remparts de Troie, les sentinelles se sentent, ce matin-là, inquiètes et troublées. Il leur semble parfois entendre à l'horizon où se dressent les tentes des Hellènes un inhabituel bruit. Mais l'aube noie toutes choses dans sa lumineuse buée. Ne sont-ce point les flots du Scamandre qui en roulant avec force mettent ce tumulte dans les oreilles ?

Cependant Hector[1] et Priam ont réuni les chefs troyens. Un des fils du monarque, qui était allé du haut d'une éminence rocheuse observer les mouvements de l'armée grecque, leur a apporté la confirmation du bruit entendu par les sentinelles : l'ennemi est en marche.

— Allons au-devant de lui, s'écrie Hector.

1. Hector est le fils aîné du roi de Troie, Priam, et de la reine Hécube. Il est le commandant en chef de l'armée troyenne.

Il saisit son casque, monte sur son char. Des chefs troyens et leurs alliés l'imitent aussitôt. Les trompettes sonnent, éveillant cavaliers et fantassins, les portes de la ville s'ouvrent et, derrière le char d'Hector, les guerriers se précipitent avec d'horribles cris.

L'armée des Grecs s'approchait en silence. Des nuages de poussière s'élevaient autour d'elle. Ainsi l'on voit les vents rassembler les nuages porteurs de tempête alors que la nature se tait et attend.

Pâris a rejoint son frère à la tête des Troyens. La dépouille d'un léopard flotte sur son armure. À son côté pend une épée au pommeau étincelant, un arc, un carquois, des flèches résonnent sur ses épaules ; il tient deux javelots, et, de loin, il injurie les chefs ennemis qui s'avancent.

— Oh ! rugit Ménélas dont le cœur palpite de fureur en apercevant ce rival détesté, te voici donc, lâche suborneur ! Viens te mesurer à moi. C'est l'heure de ma vengeance.

L'accent de Ménélas est tel que Pâris se sent glacé d'effroi. Il recule et veut se perdre parmi les guerriers troyens.

— Où vas-tu ? crie Hector avec indignation. Tu fuis le combat, toi qui es la cause de tous les maux qu'endure Ilion[1] ? Toi qui as attiré sur nous tant de colères et de deuils ! Lâche !

— Tu dis vrai, Hector, fait Pâris qui s'arrête et rougit, je mérite tes reproches. Mais c'est que la vie est douce et qu'au moment de la perdre, la pensée peut hésiter un instant sans crime. Pardonne-moi. Tu veux que je combatte ? Arrête les Troyens et les Grecs. Ménélas et moi au milieu des deux armées nous lutterons ensemble ; Hélène et ses trésors seront le

1. Autre nom de la ville de Troie.

prix du vainqueur ; un traité réunira les deux nations ; les Troyens vivront tranquilles dans leurs foyers et les Grecs regagneront l'Hellade. Ainsi, je n'aurai pas, par ma faute, causé la destruction de tant de vies.

Hector applaudit à cette idée et, s'avançant entre les deux armées, d'un geste il demande le silence. À voix forte il expose l'offre de son frère. Ménélas saute de son char.

— J'accepte, crie-t-il. Que l'un de nous, de Pâris ou de moi, périsse aujourd'hui. Nos querelles se termineront. Que Priam vienne lui-même ici jurer la paix à venir.

Un tumulte joyeux s'élève à ces paroles. Troyens et Grecs croient toucher enfin au terme de cette longue guerre. On pose les armes à terre, des hérauts vont à Troie inviter Priam à descendre dans la plaine.

Priam était assis aux portes de sa cité, entouré de vieillards. Il contemplait, le cœur étreint d'anxiété, ces jeunes hommes, espoir de sa patrie, qui s'en allaient vers le hasard meurtrier des combats. À ses pieds Hélène était assise. Elle levait avec tristesse ses beaux yeux pleins de prière vers le visage majestueux et doux de Priam. Sur ses cheveux aux reflets de soleil, elle avait posé un voile de lin transparent, et une agrafe d'or retenait sa tunique sur son épaule d'une blancheur rosée.

Les regards de tous, épouses anxieuses, enfants étonnés, vieillards douloureux, se fixaient sur cette femme qui avait apporté avec elle tant de malheurs à sa nouvelle patrie. Combien de sang avait déjà rougi les plaines de la Troade pour l'amour d'elle ! Quel sombre avenir flottait dans les plis de son voile et de sa robe ! Et cependant aucune clameur, aucune insulte ne s'élevaient autour de la Grecque. Elle était nimbée par sa beauté, par l'amour que sa vue seule mettait aux cœurs, par toute cette passion, cette haine et ces morts que la Fatalité avait semés autour de ses pas. Un silence craintif s'établissait quand elle passait, quand elle parlait ; ceux qui pleuraient un fils, un frère, un époux morts détournaient la tête pour ne pas la voir, mais nul n'eût osé lever la main sur cette Hélène que chérissait Vénus, déesse de la Beauté. Et Priam, le vieux roi, étendait sa protection et sa pitié sur l'étrangère sans orgueil dont chaque regard semblait demander pardon d'avoir inspiré l'amour.

— Roi, disent à Priam, en s'approchant, les messagers d'Hector, Pâris et Ménélas ont décidé de lutter seuls pour la conquête d'Hélène et de ses trésors. Ta présence est nécessaire sur le champ de bataille, pour un sacrifice aux dieux créateurs et protecteurs des hommes. Les Troyens t'attendent.

Hélène se serre en gémissant contre le vieillard.

— Ma fille, lui dit doucement celui-ci, essuie tes yeux ; quelle que soit l'issue du combat, tu auras une patrie et une famille. Ah ! puissent les Dieux se contenter du sang qui a coulé déjà.

Et tandis qu'Hélène étouffant ses sanglots s'appuie anxieusement à un créneau du rempart, Priam monte sur son char qui prend au galop le chemin du champ de bataille.

Les adversaires sont rangés en longues lignes de chaque côté de l'arène herbeuse. Les sacrificateurs ont amené les victimes, ils ont apporté des urnes pleines de vin et d'onde lustrale.

Tous les chefs grecs descendent de leur char avec respect à la vue du vieux roi, et, après s'être purifié les mains, Agamemnon coupe de son couteau un peu de laine sur la tête des agneaux, puis élevant ses mains vers le ciel :

— Ô père des immortels, s'écrie-t-il, toi qui veilles sur l'univers, Dieu puissant et terrible, et toi Soleil, œil du monde à qui rien n'est caché, et toi Terre nourricière, soyez témoins de nos serments ! Si Pâris est vainqueur, Hélène et ses trésors seront à lui et nous regagnerons la Grèce. Si Ménélas triomphe, les Troyens renonceront à Hélène, et Ilion vivra sous notre dépendance. Dieux, entendez-nous !

Agamemnon a plongé son couteau dans le flanc des victimes. Des coupes sont remplies de vin et circulent à la ronde pour des libations aux Immortels.

Après l'Atride, les deux armées et leurs rois ont répété le serment solennel. Hector et Ulysse mesurent le champ du combat ; les noms des deux adversaires sont jetés dans un casque afin que le sort décide qui des deux portera le premier coup.

Priam, ému, ne peut soutenir la vue de ce duel à mort qui va s'engager. Il salue tristement Grecs et Troyens et cachant sa tête dans son manteau il remonte sur son char et regagne Troie. Les deux armées le laissent partir ; elles n'ont d'yeux que pour les futurs combattants.

Chacun de ceux-ci a ceint une nouvelle cuirasse. Celle de Pâris est étincelante et la queue de cheval qui domine son casque et flotte sur ses épaules lui donne un air terrible. Son bras est chargé d'un énorme bouclier.

Ménélas a une armure moins superbe que celle du Troyen, mais la rage qui brûle son cœur semble jeter des flammes par ses yeux, et, sous sa cuirasse aux agrafes d'argent, Pâris sent sa chair frissonner.

Il se dompte. Hector, en détournant la tête, a secoué le casque et le nom de Pâris est sorti le premier. Aussitôt, le jeune Troyen lance son javelot ;

celui-ci atteint le bouclier de Ménélas mais ne peut le percer, il s'émousse et tombe sur le sol.

Un sourire de triomphe contracte les lèvres du roi de Lacédémone, il invoque le maître des Dieux, puis il lève le bras ; son javelot traverse l'air en sifflant, mais Pâris s'est penché et ce geste l'a sauvé.

Ménélas saisit alors son épée à deux mains et en assène un coup terrible sur le casque de son ennemi ; mais le coup est fatal à l'épée qui vole en éclats.

— Ô Jupiter, s'écrie-t-il avec douleur, que tu m'es cruel ! C'est ce misérable que tu secours. Hélas !

Sans perdre plus de temps en réflexions, Ménélas se jette sur Pâris, le saisit par le panache de son casque et l'entraîne irrésistiblement du côté des Grecs.

Pâris se sent perdu. C'est en vain qu'il s'efforce de résister ; l'emprise de son adversaire est trop forte. Il ferme les yeux et s'abandonne à son destin.

Mais Vénus veille pour lui ; elle tranche le lien qui retenait le casque et c'est seulement cet objet que Ménélas jette au milieu des Grecs.

— Trahison ! s'écrie le roi de Lacédémone, qui regarde avec stupeur le casque rebondir dans un bruit de fer. Tu as pu échapper à la mort par un subterfuge. Mais tu ne pareras pas ce coup.

Et de nouveau il se jette sur son ennemi qu'il essaie de percer de sa lance. Cependant Vénus ne peut se résoudre à la mort si prompte de son protégé. Elle l'arrache des mains de Ménélas et l'enveloppant d'un épais nuage de poussière, elle le dérobe aux yeux de l'armée.

Elle l'a porté jusqu'à Troie, jusqu'à la partie du palais où Hélène, penchée sur son métier à tisser, soupire et pleure.

— Ma fille, appelle la Déesse, viens ! j'amène ton époux[1]. Il est las du combat. Que ta tendresse et tes soins lui fassent oublier les peines qu'il vient d'endurer pour te garder à lui.

Hélène s'est levée, frémissante. Sa pensée était bien loin du palais asiatique et du prince qui lui a fait violence. Elle songeait à son blanc gynécée de Sparte, aux rires enfantins de la petite fille qu'elle y a laissée[2] et à celui qui, le premier, a fait battre son cœur et qu'elle regrette si souvent, à Ménélas.

Mais Pâris est devant elle qui lui sourit et lui tend les mains ; alors, courbant la tête, la belle Hélène obéit au double appel de la Déesse qu'elle vénère et du prince dont elle subit la loi.

Là-bas, dans la plaine, l'armée grecque pousse des clameurs de triomphe :

— Ménélas est victorieux, crie-t-elle. Pâris a fui. Les Troyens lui ont donné asile dans leurs rangs. À nous Hélène et les richesses qu'elle apporta de Sparte. Ilion est à jamais l'esclave de l'Hellade !

Tous les chefs grecs entourent Ménélas et l'applaudissent, tandis qu'Hector et les Troyens demeurent pétrifiés de stupeur. Ils ne comprennent rien à la disparition de Pâris. Qu'est devenu leur champion ?

— Les Dieux... murmurent-ils avec des regards d'effroi ; il leur semble qu'il y a dans tout cela une intervention divine. Et ils frissonnent. Et Hector, pâle comme un spectre, écoute sans paraître les comprendre les grands cris de joie et d'orgueil qui retentissent en face de lui.

Mais il a juré de respecter l'issue du combat quelle qu'elle pût être ; sa main se pose sur son glaive

1. À Troie, Hélène est devenue l'épouse de Pâris.
2. Hermione est la fille unique d'Hélène et de Ménélas.

aux reflets étincelants pour le jeter aux pieds des vainqueurs.

Cependant, tandis que le tumulte et la confusion règnent chez les hommes, les Dieux assis à la table de festin choquent joyeusement leurs coupes pleines d'hydromel. Jupiter a aperçu le stratagème de la blonde Vénus. Junon et Minerve l'ont vu aussi ; elles s'en irritent, mais le père des Dieux fait taire d'un geste leurs protestations.

— Minerve, commande-t-il, les Troyens ne peuvent échapper à leur destin et, bien que mon cœur en saigne de douleur, il faut qu'Ilion soit non pas une serve[1] paisible et florissante, mais un amas de ruines. Il faut que le passant des siècles à venir ne voie plus là que des dunes de sable. Va, verse au cœur de ces hommes enclins à tenir leur serment les amères pensées de résistance, de vengeance.

Jupiter a parlé. Minerve prend son vol et descend sur la terre comme un bolide aux reflets d'or et de feu. Sa course, dans l'azur, étonne les deux armées. Mais déjà la déesse de la guerre s'est approchée de Pandarus, un des plus redoutables chefs troyens ; elle se penche à son oreille.

— Fils d'Anténor, lui dit-elle, est-ce si facilement que tu acceptes la défaite après tant d'années de résistance ? Prends ta meilleure flèche, perces-en le présomptueux Ménélas. Regarde, il est facile à atteindre ; il ne se méfie pas. Tu auras bien mérité de ta patrie et de tes alliés si tu abats celui qui est cause de tous les malheurs d'Ilion.

Pandarus supportait malaisément la pensée de voir la Grèce triompher de Troie, cette voix secrète qui l'engage à la lutte le fait soupirer de joie.

1. Une cité asservie, soumise à son vainqueur.

— Cachez-moi sous vos boucliers, demande-t-il à ses compagnons, que j'ajuste une flèche à mon arc, et qu'Apollon Lycien [1] guide le trait jusqu'au cœur de notre ennemi.

Il s'est courbé, il a choisi dans son carquois la flèche la mieux empennée ; il tire, mais Minerve s'est élancée ; sa main arrête le trait et le fait dévier un peu. Au lieu de s'enfoncer dans la poitrine de Ménélas, au défaut de la cuirasse, la flèche atteint le guerrier au flanc et s'émousse sur l'acier qui double le baudrier.

Le sang a jailli cependant et Ménélas chancelle. Agamemnon prend la main de son frère en gémissant :

— Hélas, lui dit-il, c'était donc ta mort que tramaient les Troyens. Vainqueur ou vaincu dans ce duel, ta perte était décidée. Mais nous te vengerons. Leurs vies, celles de leurs femmes et de leurs enfants nous paieront chèrement ce parjure. Souffres-tu ? Dieux ! Si ta blessure était mortelle !

— Calme-toi, fit Ménélas d'une voix ferme, et n'alarme pas nos guerriers. Que Machaon vienne sonder ma plaie, me panser.

On s'empresse aussitôt. Agamemnon fait emporter Ménélas hors du champ de bataille et tandis que Machaon, après avoir retiré la flèche de la chair, applique sur celle-ci les remèdes savants qu'il tient du centaure Chiron [2], les Grecs se préparent au combat.

Agamemnon parcourt les rangs pour enflammer les courages. Mais il n'en est pas besoin : la violation du serment des Troyens a rempli les Grecs d'indi-

1. Protecteur de la Lycie en Asie Mineure.
2. Être surnaturel, mi-homme mi-cheval, qui passe pour avoir élevé de nombreux héros, dont Achille.

gnation et de colère. Chacun est avide de venger la blessure d'un roi honoré pour son courage.

Les deux Ajax, Ulysse, le vieux Nestor et tous les chefs rassemblent leurs troupes. Elles s'ébranlent ; elles marchent dans un silence terrible et menaçant ; les armes étincellent, ainsi que l'on voit les flots que la tempête met en lutte contre les écueils se couvrir d'algues et d'écume.

Les Troyens poussent de tumultueuses clameurs. Ils ont vu tomber Ménélas, et le croient mort. Cet événement leur paraît de bon augure pour leur résistance à venir. Non seulement, ils vont subir le choc des Grecs mais ils le devanceront. Hector a hésité un instant sur la conduite à tenir, mais l'amour de sa patrie l'emporte sur la foi d'un serment fait à des ennemis et il se met à la tête de l'armée.

Les Dieux se sont joints aux hommes dans cette lutte : Mars entraîne les Troyens, Minerve les Grecs. La Discorde[1] au front sauvage s'est élancée au milieu des guerriers et elle appelle à grands cris le carnage et la mort.

Les casques, les boucliers, les glaives se heurtent avec d'effrayantes sonorités ; on se mêle, on s'égorge ; on entend à la fois des cris de douleur et des chants de victoire.

Antiloque a enfoncé son épée dans la poitrine d'Échépole le Troyen, qui tombe en gémissant. Éléphénor s'est précipité pour enlever son armure à l'ennemi mourant, mais Agénor a prévenu son geste et lui a percé le flanc. Troyens et Grecs se disputent les dépouilles de ceux qui sont tombés.

1. C'est la déesse Éris (la « Discorde », en grec) qui a jeté la pomme dite de « discorde », devenue l'enjeu du concours de beauté entre les déesses. Elle est ainsi à l'origine de la guerre de Troie (voir, dans la même collection, *Contes et légendes mythologiques*).

Le beau Simoïsius a roulé, expirant, sous le poids de la lance d'Ajax. Leucus, un compagnon d'Ulysse, tombe sur son corps défaillant. Les Troyens reculent, entraînant Hector dans leur subit repli, tandis que les Grecs se précipitent à leur poursuite en poussant des cris de joie.

Minerve est au milieu d'eux ; elle ranime ceux qu'elle voit prêts à fuir. Apollon s'est joint à Mars pour aider les Troyens, et les combats se font plus âpres et plus meurtriers. L'Étolien Thoas a dirigé son javelot contre Piros que ses compagnons pressés autour de lui couvrent de leurs épées. Mais bientôt les deux chefs ennemis sont couchés sur la même poussière, entourés de guerriers blessés et morts.

Le vaillant Diomède est au plus fort de la mêlée. De son bouclier et de son casque jaillissent des éclairs. Il est descendu de son char pour lutter avec plus d'agilité, et contre lui s'acharnent les Troyens. Les deux fils de Darès viennent de payer de leur vie l'audace qu'ils ont eue de s'attaquer au héros grec. Les javelots sifflent de toutes parts, le sang coule à flots. Dieux, quels regards pourraient supporter froidement un pareil spectacle !

Minerve elle-même est lasse de la tuerie. Elle prend la main de Mars.

— Dieu des combats, dit-elle vivement, peux-tu te mêler à ces hommes en délire ? Est-ce bien là notre rôle d'Immortels ? Viens. Laissons Grecs et Troyens se disputer à leur gré la victoire. Remontons au séjour de paix et d'éternelle joie.

Mars feint d'obéir et les deux Divinités s'envolent en détournant la tête de ce champ de carnage. La Mort passe, et fauche avec délices toutes ces jeunes vies, tous ces courages illustres. Agamemnon est à la tête des Grecs et sous ses efforts les Troyens plient.

Les exploits de Diomède lui sont un stimulant et les deux chefs rivalisent d'ardeur.

Mais soudain Diomède pousse un cri : une flèche a percé le lien qui attachait sa cuirasse et s'est enfoncée dans son épaule. Il recule, un voile passe devant ses yeux...

— Sthénélus, crie-t-il à son écuyer qui accourt vers lui, tremblant à la vue de tout ce sang qui ruisselle, viens arracher le trait qui me déchire et ne t'afflige pas. L'idée de la vengeance me soutient. Je ne mourrai point avant d'avoir châtié l'audacieux qui m'a frappé, — et levant les yeux au ciel — ô Minerve, implore-t-il, ô fille de Jupiter, je ne te demande qu'une grâce, c'est de livrer à mes coups le guerrier qui m'a blessé et qui déjà se croit sûr de ma mort.

Minerve a écouté la prière farouche du héros. Et bientôt Pandarus apparaît aux yeux de Diomède. C'est lui qui lui a décoché cette flèche meurtrière. Croyant son adversaire plus dangereusement blessé qu'il ne l'est, il s'est précipité sans crainte vers lui dans le dessein de l'achever et de s'emparer de ses armes en trophée.

À sa vue Diomède oublie sa plaie sanglante, il assure son glaive dans sa main et vole au-devant du Troyen. Des compagnons de Pandarus veulent l'arrêter, mais en vain, deux fils de Priam lancent leur char sur lui. Rien ne peut faire obstacle à la fureur de Diomède.

— Fils de Tydée, s'écrie Pandarus qui du haut du char d'Énée[1] où il a pris place veut ajouter le sarcasme et la bravade à la lutte qu'il ose engager, ma flèche n'a pu t'ôter la vie. Voyons si mes javelots seront plus heureux. Tu t'offres à leurs coups si

1. Énée, fils d'Anchise et de Vénus, est un prince troyen.

généreusement que je m'en voudrais de décevoir ton attente.

Le javelot part, perce le bouclier de Diomède et s'enfonce dans sa cuirasse.

— Tu m'as manqué, crie le héros avec dédain, tes traits ne sont bons qu'à ranimer les courages. Maladroit ! Dis adieu à la vie !

Son javelot siffle et s'enfonce dans le visage de Pandarus ; le Troyen tombe sans vie. Mais Énée veut défendre ses dépouilles, il couvre le cadavre de son corps et de son bouclier. Le second javelot de Diomède vient le frapper à la cuisse. Aussitôt les compagnons du Troyen se saisissent du blessé et l'emportent en courant hors du champ de bataille.

Alors c'est une mêlée confuse autour du corps de Pandarus et du char d'Énée dont les cavales hennissent lugubrement. Agamemnon, Ménélas un peu remis de sa blessure, Antiloque et les deux Ajax se sont élancés aux côtés de Diomède, cherchant à percer en son milieu l'armée ennemie et à transformer sa retraite en déroute.

Mais bientôt ils reculent à leur tour et Diomède se sent le cœur glacé d'effroi car devant lui, devant les Grecs qui se flattent déjà de la victoire, Hector s'est dressé.

Deux intrépides guerriers, Ménasthès et Anchialus, expirent à ses pieds, abattus par son javelot. Les Grecs ne peuvent lutter contre cet ouragan, ils reculent mais sans cesser de combattre. De vaillants guerriers, des plus vaillants parmi les Hellènes, marquent comme un sillon la course d'Hector.

Et à voir tomber Tréchus, Oresbius et tant d'autres braves Béotiens, Junon commence à trembler pour ces Grecs qu'elle chérit. Elle appelle Minerve.

— Fille de Jupiter, lui dit-elle, nous avons promis à Ménélas qu'il détruirait Troie et retournerait vainqueur dans sa patrie. Le laisserons-nous sans défense contre Hector ? Attelons les coursiers à mon char d'or et d'airain, arme-toi pour le combat, vêts ta cuirasse et ton égide, prends en main cette lance qui moissonne les héros. Et toi, ô Jupiter, père des Dieux, souffre que j'aille punir Mars de l'appui qu'il prête aux Troyens. Malgré nous il est redescendu dans la sinistre plaine et il marche devant Hector, l'aidant à semer l'épouvante et la mort dans les rangs des Hellènes.

Le maître de la foudre a permis aux Déesses de descendre parmi les Grecs, et Junon, guidant elle-même ses rapides chevaux, arrive en un instant devant Troie. Elle rencontre les Grecs qui fuient toujours plus vite. Afin de se rendre visible à leurs yeux elle emprunte les traits d'un chef hellène plein de vigueur dont la voix est éclatante.

— Lâches, crie-t-elle à ceux qui reculent. Êtes-vous des guerriers et ferez-vous croire aux Troyens qu'Achille est le seul Grec qui puisse les affronter ? Jusqu'où irez-vous vous cacher ? Laisserez-vous l'ennemi venir vous égorger jusque sur vos vaisseaux ?

Ces mots enflamment tous les cœurs, les Grecs se regroupent aux côtés des chefs héroïques qui luttaient pied à pied, Agamemnon, Ménélas, Diomède. Ce dernier, tout sanglant et épuisé, monte sur son char. Si ses pieds ne peuvent plus le soutenir il pourra cependant ainsi continuer la lutte.

Junon respire, elle regarde avec complaisance ces guerriers farouches puis, redevenue invisible, elle vole jusqu'à Mars et lui ordonne, au nom du souverain maître, de déposer ses armes. Minerve se joint à la fille de Saturne[1].

1. Comme Jupiter, Junon est fille du Titan Saturne (Cronos, en grec) et de Rhéa, sa propre sœur.

Mars n'ose pas braver la défense de Jupiter. Tête basse, attristé d'abandonner les Troyens chers à son cœur en un moment décisif, il suit les Déesses qui remontent vers l'Olympe paisible, vers la table de l'éternel festin.

En bas, à travers le vol blanchâtre des nuées, les hommes s'agitent toujours dans la plaine sanglante. Ils s'agitent et se tuent, abandonnés à leur propre fureur.

Entre les eaux du Xanthe et du Simoïs les corps passent, entraînés par le cours rapide des fleuves, et l'onde est rosie de leur sang.

Ajax et Diomède font des prouesses et les ennemis tombent autour d'eux tels on voit les épis moissonnés s'amonceler sur le sol chaud de soleil. Leurs écuyers dépouillent les ennemis abattus de leurs armures et sur les chars des deux chefs les trophées s'entassent.

Ménélas a poursuivi longtemps un chef troyen, Adraste. Son adversaire est enfin à sa merci. Un écart de ses chevaux l'a fait tomber de son char aux pieds du fils d'Atrée.

— Grâce, fait le Troyen en embrassant les genoux de son vainqueur. Si tu m'accordes la vie tous les trésors du palais de mon père sont à toi. Grâce !

Ménélas se laisse attendrir par cette prière ; il appelle son écuyer et lui commande de mener le captif jusqu'à ses vaisseaux, mais Agamemnon s'approche :

— Malheureux, s'écrie-t-il avec fureur, que vas-tu faire ? Pas un fils de cette Troie ne sortira vivant de nos mains. Nous l'avons juré. Crains que les Immortels ne te fassent payer chèrement cet élan de faiblesse.

Et d'un terrible coup de glaive, l'Atride ôte la vie au Troyen.

Tout autour d'eux les cris de mort se prolongent en longs échos dans la vaste plaine.

CHANT III

LES ADIEUX D'HECTOR

DANS le temple de Minerve montent les prières et les supplications : les femmes troyennes implorent la Déesse de la guerre ; elles lui ont apporté en offrande un voile tissé d'or et de pourpre qu'elles ont posé sur ses genoux. Puis, avec des cris douloureux, elles ont levé les mains vers Minerve :

— Ô protectrice de nos murs, ont-elles dit, prends pitié de nous. Désarme les Grecs, renverse Diomède et nous t'immolerons douze génisses d'un an. Sois-nous favorable...

Tandis que ces vœux inutiles s'élèvent vers l'inexorable déesse, Hector est rentré dans la ville. Il cherche Pâris. Il ne l'a point vu dans la mêlée depuis que le lâche a fui au milieu de son duel avec Ménélas. Et pour le trouver il entre dans le palais de son frère.

Le héros hausse les épaules avec dédain en contemplant le luxe inouï de cette demeure où les plus célèbres artistes d'Asie ont accumulé leurs œuvres. L'or et l'argent étincellent dans chaque salle.

— Où es-tu, Pâris ? clame Hector en marchant à grands pas à travers le palais. Où te caches-tu, alors que nous luttons pour toi et que le plus pur sang troyen rougit le sol ? Laisseras-tu donc l'incendie que tu as allumé dévorer Troie et nous tous avec elle sans joindre ton effort au nôtre ? Malheureux !

Pâris est devant lui, pâle et honteux.

— J'ai mérité tes reproches, mon frère, dit-il. Mais vois, je m'apprêtais pour le combat, je fourbissais mon armure et mon arc. Je vais te rejoindre devant les remparts dans un instant.

Hector ne daigne pas répondre à son frère, il se tourne vers Hélène qui s'est approchée de lui.

— Ma sœur [1], lui dit-il, veille à ce que Pâris ne tarde pas trop à venir prendre sa part des dangers communs. Non, je ne puis demeurer ici davantage, ajoute-t-il doucement en voyant la jeune femme préparer pour lui quelques rafraîchissements, je ne dois pas connaître de repos tant que les Troyens auront besoin de moi, et je voudrais embrasser Andromaque et mon fils. Hélas ! peut-être bientôt ne les reverrai-je plus. Les Dieux ont sans doute décidé ma mort.

Hélène soupire. Elle presse la main d'Hector avec affection.

— Mon frère [1], dit-elle timidement, par grâce, trempe tes lèvres dans cette coupe. Tant de fatigues t'ont altéré. Pardonne-moi ces maux et ces périls dont je suis la cause involontaire. Si du moins Pâris souffrait seul avec moi des malheurs dont il est responsable. Mais tu le vois, il n'est courageux que dans un gynécée parmi des femmes et des esclaves.

Hélène et Hector regardent Pâris avec mépris.

1. C'est ici une simple marque d'affection.

LES ADIEUX D’HECTOR

Mon frère, dit-elle timidement, par grâce trempe tes lèvres dans cette coupe. (Page 38.)

— Rejoins-moi donc vite, fait durement Hector. La bataille est indécise, nos guerriers sont las. Il nous faut donner l'exemple.

Hector s'élance hors du palais. Il brûle d'impatience d'embrasser ceux qu'il aime.

— Où est Andromaque ? demande-t-il à sa vieille nourrice qui en le voyant s'est jetée à ses genoux et les arrose de pleurs. Est-elle dans notre demeure ou au temple de Minerve avec toutes les Troyennes ?

— Elle est sur le rempart avec son fils ; le bruit a couru que les Grecs triomphaient. Elle a voulu se rendre à la porte Scée [1] pour...

Mais Hector n'écoute plus, il court, il vole vers la porte. Bientôt il aperçoit Andromaque qui, penchée sur le rempart, cherche fiévreusement à distinguer le char de son époux parmi la poussière qui s'élève du champ de bataille. Dans les bras de sa nourrice, le petit Astyanax agite les mains en riant à tout ce bruit qui se fait là-bas dans la plaine.

Hector s'arrête un instant pour contempler ce tableau dont nul artiste ne pourrait rendre la grâce douloureuse. Cette belle jeune femme au visage anxieusement tendu, ce petit enfant dont l'insouciance joyeuse rend plus poignante l'attente de sa mère.

— Bien-aimés ! soupire le héros.

Andromaque s'est retournée ; elle pousse un cri de joie délirante ; elle s'accroche à son époux, froissant ses mains et sa bouche sur la dure cuirasse. Elle sanglote de bonheur, sa tête blonde sur l'épaule d'Hector.

— Te voilà ! dit-elle avec enivrement. Que je t'ai cherché et attendu ! Je t'en prie, ne t'en va plus. Quel

1. La porte Scée constitue la sortie occidentale, dans les remparts de Troie, qui donne sur la plaine où se déroulent les combats.

bien peut sortir pour nous de ces combats loin de nos remparts ? Reste ici sur cette tour, ta présence y est nécessaire. Si, je t'assure. À plusieurs reprises les Ajax, les Atrides et Diomède ont tenté de s'ouvrir un chemin de ce côté. Ils savent peut-être que cette partie du rempart est la plus faible. Cher époux, tu vois que sans sortir de Troie, tu peux la défendre.

Hector sourit de ce conseil, il serre tendrement la tête levée vers lui.

— La guerre n'est pas un simple jeu, dit-il, et si les chefs et les princes ne donnaient pas l'exemple et ne paraissaient pas les premiers au danger, quelle honte ! Ne crois pas cependant que mon esprit soit loin de toi, même dans ces terribles moments où la mort frappe de toutes parts. Chère Andromaque, si je lutte c'est moins, je te l'avoue, pour la gloire de mon père, pour l'intégrité de son royaume et la vie de tous les Troyens que pour toi et pour notre fils. Devant mes yeux passe cette image de mon Andromaque captive et désespérée, tournant le fuseau, puisant l'eau des fontaines sous les ordres d'une maîtresse impérieuse. Et j'entends les Grecs dire avec ironie : « Voilà la femme d'Hector, de ce guerrier fameux qui guidait les Troyens quand nous combattions sous les murs d'Ilion. Atroce image ! Ah ! plutôt que de voir mon Andromaque se débattre sous la main d'un ennemi sanglant, puissé-je être enseveli dans la tombe !

Andromaque sanglote, la bouche collée à la main de son époux.

— Si je dois te survivre, dit-elle, ô toi qui es tout pour moi, sache que mes jours et mes nuits se passeront à te pleurer.

Un instant les deux époux, serrés l'un contre l'autre, évoquent en silence les sombres jours à venir. Le même affreux pressentiment étreint leur cœur.

Hector se domine enfin et se tourne vers l'enfant que lui tend la nourrice. Mais le petit Astyanax est effrayé par le casque imposant du guerrier, par le grand panache noir que la brise fait flotter sur ses épaules, et tout criant, il se rejette sur le sein de l'esclave.

— Pauvre enfant, dit Andromaque qui sourit au milieu de ses pleurs, lui aussi sent que la guerre va te prendre à nous.

Hector pose à terre ce casque si effrayant et prend l'enfant dans ses bras. Il le regarde avec tendresse et gravité. Puis, levant les yeux au ciel :

— Ô Dieux, dit-il, faites que mon fils me ressemble ! Qu'en le voyant entrer dans nos murs, chargé des dépouilles de l'ennemi, on dise un jour : il est encore plus vaillant que son père.

Il couvre son fils de baisers, puis, remettant l'enfant entre les bras d'Andromaque, il les serre tous deux longuement contre lui. La jeune femme comprend que cette étreinte est celle de l'adieu, elle défaille.

— Chère épouse, dit Hector en tâchant d'affermir sa voix, lâche ou brave, nul ne se dérobe à sa destinée. Rentre dans ton palais. Je vais faire mon devoir.

Et tandis qu'Andromaque, secouée de sanglots, le regarde s'éloigner avec déchirement, le héros traverse les groupes attristés de femmes et de vieillards. À la porte Scée, une main tout à coup se pose sur son épaule. C'est Pâris qui l'a rejoint, selon sa promesse. Le courage et l'audace brillent dans ses yeux. Hector en est rasséréné. Il oublie les torts de son frère, les humiliations qu'il lui doit depuis tant d'années qu'il entend les Troyens maudire la lâcheté du jeune prince, et mettant sa main dans la sienne :

— Allons vaincre ou mourir ensemble, dit-il.

Tous deux s'élancent dans la plaine.

À leur aspect, les Troyens qui étaient fatigués de lutter sentent renaître leur espoir. Deux chefs grecs sont les premières victimes d'Hector et de Pâris et la bataille reprend de plus belle. Du haut de l'Olympe, les Dieux s'apitoient sur tant de morts ; d'un commun accord, ils décident d'inspirer aux hommes un autre moyen de vider leur sanglante querelle. Ils choisissent Hélénus, un des cinquante enfants de Priam, pour être leur interprète. Celui-ci court à Hector et le persuade de séparer les Troyens et les Grecs en défiant en combat singulier le plus brave des ennemis.

Hector accepte cette proposition et, agitant sa main en l'air, il s'élance au milieu des deux armées.

— Écoutez, Grecs, crie-t-il, il est parmi vous d'illustres guerriers. Quel est celui qui veut lutter seul à seul contre Hector ? Si je succombe mes armes seront à lui, si je triomphe les siennes m'appartiendront, mais nos corps feront retour aux nôtres afin que nos deux peuples puissent faire à leurs champions des funérailles dignes d'eux. Qui va lutter contre moi ?

Les chefs grecs se regardent, hésitants. La valeur d'Hector les effraie.

— Ne se trouvera-t-il personne pour accepter ce défi et le relever ? fait douloureusement le vieux Nestor.

Mais Ménélas a devancé ces mots.

— Si aucun n'ose affronter Hector, dit-il, me voilà.

Aussitôt neuf chefs s'élancent et parmi eux Agamemnon, Diomède, Ulysse, les deux Ajax. Et tous se disputent l'honneur de combattre Hector.

— Tirons au sort, conseille le sage roi de Pylos, et que Jupiter daigne favoriser Ajax ou Diomède.

On a suivi le conseil de Nestor et le sort désigne Ajax. Celui-ci est ivre de joie et d'orgueil, et tandis que les Grecs implorent Jupiter en sa faveur, Ajax s'élance dans l'arène où l'attend Hector.

Les deux héros s'invectivent :

— Ne cherche point à m'effrayer comme un enfant timide, je connais la guerre, crie Hector.

— Viens apprendre quels vengeurs restent à la Grèce. Il est parmi nous mille rivaux dignes de toi, proclame Ajax qui s'avance à l'abri de son vaste bouclier.

Hector frappe le premier. Il lance son javelot de toutes ses forces mais sans réussir à percer le bouclier du Grec. Ajax riposte et son javelot s'enfonce dans la cuirasse de son adversaire, sans atteindre la chair toutefois.

— À la lance ! crie Hector, et il s'élance, mais le bouclier a paré le coup. L'écu du Troyen, moins impénétrable, est percé par la riposte du Grec. Hector atteint à la gorge chancelle, pourtant il n'abandonne pas le combat, il saisit une énorme pierre qu'il balance au-dessus de sa tête et la lance dans le bouclier de son ennemi.

Ajax a mis l'épée à la main, Hector a tiré la sienne, le corps à corps menace d'être sans merci. Quoi, les plus vaillants d'entre les combattants vont donc s'entretuer ? Obéissant au secret mouvement de séparer les adversaires, les dieux étendent sur eux leur sceptre pacifique.

— Voici la nuit, disent-ils, il faut la respecter. Tous tant que nous sommes vous proclamons d'égale valeur. Ne combattez plus.

Ajax se tourne vers Hector pour indiquer que c'est à lui de décider si le combat doit être continué ou non. Hector lui tend la main.

— Obéissons à la voix des Dieux, dit-il gravement. Un jour prochain nous reprendrons cette lutte jusqu'à la mort de l'un de nous. Accepte en témoignage de mon estime cette épée et ce baudrier brodé d'or. Que tous ceux qui nous ont vu combattre puissent dire : « ils luttèrent avec fureur, ils se séparèrent amis ».

Ajax fait présent à Hector d'une épée et d'un baudrier aux riches couleurs, puis tous deux rentrent dans leurs lignes. Ajax, le front haut, va s'asseoir sous la tente d'Agamemnon et, après avoir immolé à Jupiter un taureau de cinq ans, il prend part au grand festin qui réunit tous les chefs grecs.

Là, tous décident de consacrer la journée du lendemain à enterrer solennellement leurs morts et d'élever, pour défendre leur camp et leurs vaisseaux, une muraille et des tours percées de portes et précédées d'un large et profond fossé.

Leur conseil dure toute la nuit. Au retour de l'aurore, à l'heure où ils vont se séparer, on leur annonce la venue d'un héraut des Troyens.

— Qu'il entre ! fait l'Atride étonné.

Le héraut s'avance et porte, en un salut, la main à ses lèvres et à son cœur.

— Grecs, dit-il, prêtez l'oreille à ma voix. Priam et les Troyens me chargent de leurs propositions de paix. Tous les trésors que Pâris enleva de Grèce pour les apporter à Ilion vous seront remis en même temps que beaucoup d'autres, mais nous garderons Hélène...

— Vous la garderez jusqu'au jour où nous irons nous-mêmes la reprendre dans Troie embrasée, s'écrie Diomède avec fougue, et ce jour est proche, je le sens, vos propositions en sont l'indéniable signe. Pour ce qui est des trésors, gardez-les.

Tous les chefs grecs applaudissent Diomède, et Agamemnon ajoute :

— Tu entends notre réponse, héraut ? va la rapporter aux Troyens. Dis-leur en outre que s'ils y consentent nous emploierons tous cette journée à rendre les hommages suprêmes aux guerriers que nous avons perdus...

Tout le jour, les deux peuples vont, viennent, se mêlant dans la plaine ; ils cherchent, parmi les monceaux de cadavres sanglants et déchirés, à reconnaître les leurs. Dans un lugubre silence, la funèbre besogne s'accomplit, et à l'heure où les obliques rayons du soleil dorent le sommet des montagnes, les flammes des premiers bûchers s'élèvent. Jusqu'à la nuit, les gémissements retentissent autour des brasiers ; puis, quand le feu a dévoré les restes des vaillants, Troyens et Grecs regagnent tristement, les uns leurs remparts, les autres leurs vaisseaux.

— Au travail ! a commandé l'Atride aux Hellènes ; et l'aube ne rosit pas encore les champs que toute l'armée grecque, à l'exception d'Achille et des siens, s'empresse à l'édification des murailles de défense.

Ils ont mis tant de hâte et d'ardeur à leur besogne qu'une journée leur a suffi pour l'achever : les murailles, les tours, le fossé qu'entoure une forte palissade protectrice leur inspirent un sentiment de sécurité encourageante ; le festin du soir en est plus joyeux, le sommeil de la nuit plus calme, et quand l'aurore suivante apparaît, toute rose dans le ciel, il semble aux Grecs que ce jour qui commence va leur apporter la rayonnante victoire.

Ils se trompent : assis sur le mont Ida, tenant en main sa balance d'or, Jupiter a placé dans les plateaux le sort des Troyens et celui des Grecs. Or le sort fatal des Grecs chargé de mort et de défaite pèse plus lourd que celui des Troyens. Malgré les prouesses et les souffrances de leurs chefs, le soleil qui luit sur les Hellènes est, pour beaucoup d'entre eux, le dernier soleil.

Et la bataille recommence, ardente, atroce ; le tumulte du carnage dépasse en horreur celui des jours précédents : les hommes n'ont pris des forces que pour mieux s'entretuer. Jupiter soupire et détourne la tête avec douleur. Puis il fait gronder son tonnerre. Ce jour doit être fatal aux Grecs, il lance sur eux la foudre et les éclairs.

Les chevaux, dans la plaine, se cabrent, épouvantés ; ils fuient au hasard sans obéir à la main de leurs conducteurs. Les chars s'accrochent les uns aux autres. Celui de Nestor est renversé et le vieux roi serait en péril si Diomède ne volait à son secours.

— Vénérable Nestor, dit-il en arrêtant ses chevaux et offrant sa main au vieillard, monte dans mon char auprès de moi. Tu tiendras les rênes tandis que je combattrai. Je veux attaquer Hector. Si Jupiter a décidé notre perte aujourd'hui, ce ne sera pas au moins sans avoir combattu que je descendrai au royaume des ombres.

Nestor monte auprès du héros et, l'aiguillon dans la main, il guide le char contre celui d'Hector. Diomède lance ses javelots dans les rangs des Troyens et fait le vide devant lui, mais tout à coup la foudre tombe aux pieds de ses chevaux. Hennissant, affolés, ils font un bond en arrière.

— Pique-les de ton aiguillon, sage Nestor, crie Diomède qui se prépare à lancer un nouveau javelot. Hector n'est pas loin. Avançons !

— Non, Diomède, fait le vieux roi de Pylos, fuyons au contraire. Cette foudre qui tombe est une preuve que Jupiter combat contre nous. Il n'est pas de mortel qui puisse lutter contre sa volonté suprême. Qui sait ? cette victoire qu'il donne aujourd'hui à nos ennemis, il nous la donnera demain peut-être.

Des larmes de rage jaillissent des yeux de Diomède. Fuir devant Hector ! Quel désespoir et quelle honte ! mais le sage Nestor a parlé et le fils de Tydée ne peut qu'approuver son conseil. Le char vole, vers les vaisseaux grecs cette fois, entraînant derrière lui les fantassins éperdus.

Ce n'est plus une retraite, c'est une fuite, une déroute pleine de panique. Nestor en a le cœur déchiré. Par trois fois, sur la prière de Diomède, il tente de faire tourner bride à ses chevaux, de les ramener vers l'ennemi qui s'avance triomphant, l'injure et l'ironie à la bouche, mais par trois fois, la foudre tombe devant eux. Et sans plus résister à la colère de Jupiter, les Grecs courent chercher un abri derrière les murailles que la sagesse et la prudence de l'Atride leur ont fait édifier la veille.

Hector exulte ; ses javelots lancés sur la masse des fuyards y creusent des trouées sanglantes. De la voix, il anime ses chevaux :

— Courez, courez, leur dit-il, Xanthus, Podarge, Œthon, Lampus. Ma chère Andromaque vous nourrit de sa main, montrez-vous donc empressés à servir l'époux qu'elle aime. Que grâce à votre vitesse je puisse rejoindre l'audacieux Diomède, lui arracher cette cuirasse que Vulcain[1] a forgée pour lui et enlever à Nestor son précieux bouclier. Cette nuit même, nous forcerons les Grecs sur leurs vaisseaux.

Les cris d'Hector pressent les Troyens. Les Grecs se précipitent dans leur enceinte de défense comme des moutons éperdus que la tempête fait fuir vers l'étable. Si Agamemnon, terrible et suppliant tour à tour, ne se dressait devant les fuyards pour leur faire honte de leur terreur, les Troyens ne rencontreraient devant eux aucune résistance. Mais à la voix de l'Atride, les chefs grecs se sont ressaisis. Ils font front à ceux qui les poursuivent. À l'abri des palissades, ils font pleuvoir sur eux une grêle de traits.

Le jeune Teucer, fils de Télamon, s'est caché derrière le bouclier de son frère Ajax et, de là, il ajuste

1. Vulcain est le dieu-forgeron de l'Olympe. C'est lui qui a fabriqué les armes des héros les plus célèbres.

ses flèches d'une main si sûre que déjà dix ennemis sont tombés en quelques instants.

C'est Hector qu'il vise et veut atteindre, mais sans succès. Le héros troyen a saisi une grosse pierre et l'a lancée sur son ennemi. Malgré le bouclier d'Ajax, la pierre n'a pas manqué son but, Teucer s'affaisse dans un flot de sang. On l'emporte à demi mort.

Près des vaisseaux, les Grecs se sont ralliés ; les mains au ciel, ils implorent le secours des Immortels. Hélas ! que peuvent pour eux les Déesses protectrices, Junon et Minerve ? Jupiter a parlé. De quel châtiment ne punirait-il pas les Divinités audacieuses qui tenteraient de s'élever contre son ordre. C'est le cœur plein d'amertume douloureuse que Junon et Minerve assistent, du haut de l'Olympe, à l'hécatombe de l'armée qui leur est chère.

Mais celle qui commande aux Dieux comme aux hommes, qui enchaîne les volontés les plus agissantes est apparue. La nuit est là, elle pose ses voiles noirs sur le champ de lutte et de mort, enfermant dans le même tâtonnement vainqueurs et vaincus.

— Guerriers, a crié Hector aux Troyens en descendant de son char au bord du Scamandre et en rassemblant les chefs autour de lui, j'avais espéré que ce jour verrait l'anéantissement des Grecs et de leurs vaisseaux, que nous rentrerions triomphants dans Troie, mais les ténèbres ont dérobé l'ennemi à nos coups. Nous allons devoir chercher le repos pour réparer nos forces. Mais je veillerai afin que les Grecs ne puissent profiter de notre sommeil pour mettre à la voile et s'enfuir. Qu'on allume des feux jusqu'au retour de l'aurore. Qu'on apporte ici des approvisionnements de Troie et que, dans la cité dégarnie de soldats, femmes, vieillards, enfants veillent sur les tours par crainte de surprise de l'ennemi.

Veillons encore cette nuit, Troyens ; demain, avec l'aurore, nous irons porter au milieu de la flotte grecque l'incendie et la mort. Je le sens, le jour qui va naître sera pour nos ennemis un funeste jour.

Ces paroles électrisent les Troyens et leurs alliés ; elles leur font oublier fatigues et souffrances ; on dételle les chevaux dégouttant de sueur et couverts de poussière ; on amène de Troie des bœufs et des moutons, du blé, du vin ; les feux s'allument ; leurs flammes éclairent le camp, les rives du Scamandre et toute la plaine jusqu'aux vaisseaux des Grecs ; les guerriers veillent. Ils attendent tous avec une impatiente ardeur l'apparition de l'aurore aux doigts de rose.

Tandis que les Troyens, le cœur plein de confiance et de triomphe, occupent la plaine, les Grecs, silencieux et humiliés, se serrent près de leurs vaisseaux ; les guerriers épuisés de fatigue sont étendus au hasard sur le sol, presque sans pensée. Chaque heure qui passe redouble leurs craintes du lendemain. La tristesse et l'horreur règnent dans le camp.

L'Atride a donné l'ordre aux hérauts d'appeler les chefs au conseil, mais sans bruit. Ils sont bientôt tous rassemblés ; ils sont pâles et tremblants ; Agamemnon, les yeux noyés de larmes, s'est levé.

— Amis, dit-il, Jupiter a trompé l'espoir que j'avais dans ses promesses, dans les assurances de victoire qu'il m'avait données par la bouche des devins. Vaincu et déshonoré, il me faut ramener en Grèce les débris de notre armée si puissante naguère. Troie est invincible. Jupiter la protège.

Dans le morne silence qui suit ces paroles découragées une voix rude retentit soudain. Diomède s'est levé. Ses longs cheveux noirs que ceint un ruban de pourpre flottent au souffle de la brise nocturne et la lueur clignotante des étoiles accroche des lueurs à la lance qu'il tient à la main.

— Atride, fait-il, pardonne à ma franchise, mais je ne puis me taire à ton lâche conseil. Fuir ? est-ce là tout ce que tu trouves comme remède au coup qui nous frappe aujourd'hui ? Est-ce pour ce résultat que nous t'avons donné le souverain pouvoir ? Tu veux partir ? va-t'en. Mais moi je resterai et cela jusqu'au jour où Troie tombera. Les Dieux nous ont menés sur ces rives, ils nous doivent la victoire.

Une acclamation unanime salue les ardentes paroles de Diomède. Nestor prend la main du jeune chef.

— Ô fils de Tydée, lui dit-il, le plus brave entre les braves, tu es le plus sage aussi. Qu'ajouterai-je à ce que tu viens de dire ? Il ne peut, en effet, être question pour nous d'abandonner la lutte. Mais que la discorde ne s'installe pas entre nous. L'Atride est notre roi. Son découragement n'est que passager, il va se ressaisir. Qu'il me permette de lui donner un avis. Nous sommes tous accablés de fatigue. Dormons. Que les plus jeunes de nos guerriers aillent cependant monter la garde entre la muraille et le fossé de défense. Qu'on distribue des provisions et du vin abondamment pour que l'armée se restaure et oublie les maux de cette journée. Pour nous, songeons que demain nous apportera la gloire ou l'opprobre, la victoire ou la mort, et que chacun dise ici son avis sur ce qu'il convient de faire.

Nestor s'arrête un instant, tous l'écoutent avec respect, Agamemnon a repris courage en voyant le calme du vieux roi de Pylos.

— Atride, reprend celui-ci gravement, j'ai combattu, tu t'en souviens, ton désir d'enlever Briséis à Achille. Je prévoyais que de nos discordes ne pourraient naître pour nous que des calamités. Si Achille était avec nous, si, à l'armée, il donnait l'appui de ses braves Myrmidons, Hector n'oserait pas s'aventurer si près de notre camp. Pourquoi n'essayerions-nous pas d'aller fléchir le ressentiment du fils de Pélée ?

— Oui, oui, crient tous les chefs entraînés par la sage éloquence du vieillard. Qu'Achille reprenne sa place parmi nous, au combat comme au conseil, et nous serons victorieux encore.

— Tu as raison, Nestor, fait l'Atride tristement, j'ai été injuste, aveugle. J'ai méconnu la valeur d'Achille. Mais je veux lui faire oublier notre querelle. Que trois d'entre vous aillent lui porter mes offres. Et d'abord je lui rends sa Briséis, j'y joins sept autres captives jeunes et belles, douze chevaux qui, plus d'une fois, dans nos jeux, ont remporté la victoire, dix talents d'or, sept trépieds que la flamme n'a pas encore noircis, vingt vases précieux. De plus, si les Dieux nous livrent Troie, Achille y prendra autant d'or et d'argent qu'il lui plaira et vingt des plus belles Troyennes. Enfin, si jamais je revois Argos, je jure de lui donner en mariage l'une de mes trois filles. Il choisira celle qui lui plaira et il recevra de ma main en cadeau de noces sept puissantes cités. Il en sera le monarque et le dieu. Que Jupiter daigne, en faveur de tous ces présents, fléchir le courroux d'Achille.

— Je t'approuve, puissant Atride, fait Nestor en secouant sa tête blanche, tes offres sont dignes de la valeur d'Achille. Choisissons des ambassadeurs qui soient agréables à ses yeux. Ulysse, Ajax lui sont chers. Qu'ils partent auprès de lui et que Phénix dont il vénère la sagesse se joigne à eux. Amis, n'oubliez pas que vous êtes le suprême espoir de la Grèce. Soyez persuasifs. Quant à nous, tant que durera votre absence, nous implorerons la pitié de Jupiter.

L'espoir renaît dans tous les cœurs et, après des libations aux Dieux afin de rendre ceux-ci favorables à cette tentative de réconciliation, les trois ambassadeurs escortés de deux hérauts s'éloignent rapidement.

Tout en marchant le long de la mer, ils adressent tout bas de ferventes prières à Neptune, au dieu de ces eaux dont les vagues calmes bercent les vaisseaux grecs. Ils le supplient d'attendrir le cœur d'Achille.

Comme ils parviennent aux tentes du fils de Pélée, des sons musicaux leur arrivent. Achille chante en s'accompagnant de la lyre les exploits des héros fabuleux. C'est ainsi qu'il se consolait de son inaction. Près de lui, son fidèle Patrocle écoute, les yeux baissés, cherchant à entendre au-delà des accents du chanteur les bruits du camp.

Achille laisse tomber sa lyre en apercevant les trois envoyés et va vers eux les bras tendus.

— Ô mes amis, dit-il, bénie soit cette heure qui amène devant moi mes compagnons les plus chers. Patrocle, qu'on apporte ici du vin, des viandes, des fruits. Je veux que mes hôtes se trouvent aussi bien traités dans cette tente de guerrier qu'ils le seraient dans mon palais.

Patrocle et les écuyers s'empressent. Bientôt le repas est prêt et la table est dressée. Sur la prière d'Achille, Ulysse offre aux Dieux les prémices du repas, et le vin coule dans les coupes. Puis, après avoir échangé un coup d'œil avec ses deux compagnons, le roi d'Ithaque se lève et dit avec gravité :

— Achille, je ne te louerai pas de ton hospitalité, si précieuse qu'elle nous soit, car d'autres devoirs s'imposent à moi. Nous tremblons pour la Grèce. Sans le secours de ton courage, je le crains, c'en est fait de nous. Les Troyens sont au pied de nos tours et les feux qu'ils allument éclairent nos tentes. Hector n'attend que la venue du jour pour fondre sur nous. Il veut incendier nos vaisseaux et, sous leurs cendres,

Achille laisse tomber sa lyre en apercevant les trois envoyés. (Page 53.)

anéantir la Grèce. Achille, souviens-toi des conseils de douceur que te donnait ton père en t'envoyant combattre sous les ordres de l'Atride : « Sois courageux, disait-il, mais aussi dompte tes passions et maîtrise ton humeur altière. » Achille, as-tu donc oublié ces conseils ? L'Atride t'offre des présents dignes de toi. Non seulement il te rend ta Briséis, mais il y joint sept esclaves, douze chevaux...

Ulysse, de son accent le plus persuasif, fait miroiter aux yeux d'Achille la valeur des présents d'Agamemnon, mais le jeune chef reste impassible, la lèvre dédaigneuse et cependant son cœur frémit d'une sourde joie. L'Atride orgueilleux s'est humilié devant lui.

— Achille, s'écrie Ulysse que ce mépris silencieux atterre, si tu n'es pas désarmé par les offres d'Agamemnon, ah ! du moins aie pitié de la Grèce, montre à Hector que l'Hellade possède un guerrier capable de le vaincre.

— Ulysse, répond Achille avec froideur, je parlerai sans détour. L'Atride m'a fait une offense que je ne puis oublier. Quoi, j'ai conquis plus de vingt cités, j'ai apporté aux pieds d'Agamemnon leurs immenses trésors. Il a donné des récompenses à tous sauf à moi. Pour me payer de tant de conquêtes, il n'a trouvé rien de mieux que de m'enlever ma Briséis. Pour Hélène, toute la Grèce s'est armée, elle a partagé, elle a fait sienne la colère de Ménélas contre le ravisseur. N'est-il permis qu'aux Atrides de ressentir de l'amour et de vouloir se venger ? J'aimais Briséis. On me l'a prise. Je me venge. Dès demain, mes vaisseaux s'éloigneront de ces rives. Je ne suis pas l'ennemi d'Hector. Pourquoi le combattrais-je ? Dans trois jours, si Neptune est propice à mes vœux, je saluerai les rives de Thessalie. Ulysse, que m'importent les trésors d'Ilion ? Tous ensemble, valent-ils ma vie ?

Ma mère me l'a dit naguère : « Si tu combats contre Troie, tu mourras. » Je ne me soucie pas d'une gloire immortelle. La vie me sera douce dans ma patrie. Voici toute ma réponse à l'Atride, portez-la-lui. J'y ajoute ce conseil. Fuyez ces rivages quand il en est temps encore, Troie ne sera jamais à vous.

Achille hausse les épaules avec insouciance et mépris ; ses doigts errent sur les cordes d'or de sa lyre qui gémissent doucement. Ulysse et ses compagnons se regardent pleins de confusion et d'accablement. Le vieux Phénix s'approche, les yeux baignés de larmes.

— Achille, dit-il, je t'ai élevé comme si tu étais mon fils, avec le même soin et le même amour. Parfois il me semblait que tu l'étais vraiment et je me disais que tu serais le soutien de mes jours, que je revivrais en toi, mon fils, et tu veux me quitter ! Ne sois pas inexorable, les Dieux eux-mêmes se laissent parfois fléchir par les prières de ceux qui pleurent. Vois mes larmes, tu n'abandonneras pas les Grecs au moment où les maux de la défaite les assaillent. Tu ne souilleras pas ta jeune gloire par cette lâcheté. Je te jure que si l'Atride ne reconnaissait pas ses torts et ne s'humiliait pas devant toi, je ne te prierais point, je ne réclamerais pas ton secours pour les Grecs, mais, tu le vois, le fier Agamemnon ne recule devant rien pour te fléchir. Ne trompe pas l'espoir de tes amis, mon fils, ta colère naguère si juste n'aurait plus d'excuse. Si tu rejettes aujourd'hui nos présents et nos prières, c'est en vain que, saisi de remords, tu viendras plus tard combattre les Troyens. La Grèce t'aura trop prié pour avoir encore pour toi de la reconnaissance.

— Eh ! que m'importe la gratitude des Grecs ! fait rudement Achille, les sourcils froncés. Les Grecs m'ont offensé. Mais toi, cher Phénix — ajoute-t-il plus doucement — je ne te compte pas parmi eux. Reste près de moi, tandis qu'Ulysse et Ajax porteront mon refus à l'Atride. Demain, nous déciderons ensemble si nous devons demeurer ici ou retourner dans notre patrie.

Ces mots et le regard qui les accompagne sont un congé. Ajax et Ulysse l'ont compris, ils se lèvent.

— Achille, fait Ajax blessé, tu es impitoyable. Notre amitié elle-même ne trouve pas grâce devant toi. Nous sommes donc venus en vain ! Pardonne !

Achille baisse la tête, mais il n'ose pas obéir au secret mouvement de son cœur. Toute sa rancune contre l'Atride est là qui semble le pousser aux épaules.

— Non, fait-il d'autant plus rudement qu'il se sent ému, je ne combattrai que quand Hector viendra au quartier des Thessaliens égorger mes soldats et incendier mes vaisseaux. Alors là, je saurai l'arrêter et le vaincre.

Ulysse et Ajax sont sortis en soupirant et, silencieusement, ils regagnent la tente de l'Atride où tous les chefs grecs sont encore assemblés en conseil. Leur air sombre fait aussitôt craindre à ceux qui les regardent venir que la colère d'Achille n'ait pu être fléchie.

— Eh bien ! demande anxieusement Agamemnon. Est-il toujours obstiné dans son ressentiment ?

— Toujours, répond Ulysse. Il rejette nos prières et dédaigne tes présents. Demain, a-t-il dit, sa flotte quittera ce rivage. Et il nous conseille de ne pas nous acharner davantage sur cette cité que Jupiter protège si visiblement. Il ne combattra, a-t-il ajouté, que si Hector vient jusqu'à ses vaisseaux égorger ses Thessaliens. Voilà sa réponse.

La douleur accable les Grecs qui demeurent silencieux. Seul, Diomède se lève fougueusement.

— Atride, dit-il, tu as eu grand tort d'offrir de tels présents à Achille. Son âme altière n'a vu dans tant de dons qu'une raison de plus de s'enorgueillir. Toute la Grèce à ses pieds ! Quelle fierté doit être la sienne. Ne nous occupons plus de lui. Qu'il parte, qu'il reste. À son gré. Quelques heures encore nous séparent du matin. Donnons-les au sommeil, et quand le soleil luira, nous nous trouverons tous plus forts et plus calmes. Alors, tu assembleras les guerriers et tu sauras trouver les mots qu'il faut dire pour les entraîner au combat.

CHANT IV

EN RECONNAISSANCE

MAIS, sur sa couche de peaux de chèvres et de fin duvet, Agamemnon ne peut trouver le sommeil et l'oubli. Il s'agite, le cœur en proie à l'inquiétude et à la terreur :

— Dieux, soupire-t-il, que sera demain pour nous ? Jupiter nous abandonne, cela est trop certain. La honte, la mort environnent l'armée grecque. Quelle douleur de penser que je puis être vaincu par ces barbares.

Il se lève d'un bond, il ne peut supporter davantage le paisible abri de sa tente. Il sort et ses regards errent sur la plaine : il contemple avec effroi les mille feux qui l'éclairent ; les cris menaçants de l'ennemi et les bruits d'armes parviennent à ses oreilles.

— Malheureux ! murmure-t-il en pressant avec douleur son front dans ses mains. Les Troyens ne dorment pas. Qui sait si avant une heure, profitant de l'ombre, ils ne se glisseront pas jusqu'à nous et s'ils ne viendront pas égorger sans résistance nos guerriers épuisés. Que faire ? À qui demander conseil ?

J'hésite, ma pensée se trouble, il me faut prendre un avis sage.

Il a revêtu sa tunique, et ceint ses brodequins, puis, jetant une peau de lion sur ses épaules, il s'arme d'un javelot et fait quelques pas hors de sa tente. Il va avec précaution pour ne pas heurter les corps étendus de ses soldats. Tout à coup, il sursaute, une main vient de toucher la sienne.

— Est-ce toi, mon frère ? fait alors la voix de Ménélas. Que fais-tu ainsi armé ? Souhaites-tu que l'un de nous aille faire une reconnaissance dans le camp ennemi afin de chercher à percer ses projets ? Mais se hasarder seul, dans la nuit !...

— Tu ne peux dormir ? demande tristement Agamemnon

— Comment le pourrais-je ? soupire Ménélas. Je me sens responsable de la mort de tant de vaillants Grecs et je me dis avec horreur que, par ma faute, la Grèce va trouver son tombeau sur ce sol étranger... Nous tomberons sous le glaive de l'invincible Hector...

— Montrons à tous l'exemple du calme et du courage, Ménélas. C'est seulement ainsi que nous pouvons espérer résister encore à l'ennemi, et peut-être le vaincre. Je cours demander conseil au sage Nestor. Pour toi, éveille nos guerriers. Sache leur parler avec amitié. Que de peines ! Hélas, Jupiter nous a marqués pour le malheur.

Quelques instants plus tard Agamemnon éveillait Nestor. En voyant le désarroi de cette âme si orgueilleuse, le vieux roi de Pylos s'efforce d'y ramener la confiance. Il se lève, endossant son armure et, sans plus tarder, il se dirige avec l'Atride vers le rempart qui défend le camp. Ils s'arrêtent tous deux à la tente d'Ulysse qui, en les voyant, s'étonne et s'alarme :

— Le camp est-il attaqué ? demande-t-il.

— Non, répond Nestor vivement, mais il est peut-être imprudent de dormir quand l'ennemi veille. Tenons conseil pour savoir ce que nous ferons demain. Fuirons-nous ? lutterons-nous ? Cours, cher Ulysse, aux tentes d'Ajax et du roi des Crétois. Qu'ils viennent. Nous, nous éveillerons Diomède, le fils d'Oïlée et le vaillant Mégès. Ainsi réunis, nous déciderons ce que l'honneur de la Grèce nous commande.

Et tandis qu'Ulysse s'arme et vole s'acquitter de sa mission, Nestor et Agamemnon parcourent les groupes de soldats éveillés en sursaut.

Diomède et les autres chefs se joignent à eux. Chacun s'efforce d'exalter dans les cœurs les sentiments d'orgueil qui soutiendront les courages dans l'horreur du combat et aideront ces hommes à courir sans faiblesse vers la mort.

— Sauvez-nous d'être la fable et la proie des Troyens, veillez, mes enfants, leur dit le vieux Nestor. Et tous, aux paroles du vétéran, courbent la tête avec respect et s'empressent aux remparts.

— Assemblons-nous dans cette partie de la plaine, fait Nestor en montrant aux chefs un endroit où le combat ne s'est pas porté. Et, marchant devant eux, il franchit le fossé qui, au-delà du rempart, sépare le camp de la vaste lande. Là-bas, vers l'ouest, si près que l'on aperçoit aisément les silhouettes des guerriers s'agiter devant les feux, les Troyens attendent le moment d'attaquer.

— Amis, dit Nestor, il faut que l'un de nous pénètre cette nuit dans le camp des Troyens afin que nous puissions être renseignés sur leurs projets. Hector veut-il poursuivre sa victoire et s'attaquer à nos vaisseaux ou s'apprête-t-il à rentrer dans Troie ? Grands Dieux, si cela se pouvait ! Nous lui tresserions des couronnes.

— Nestor, fait Diomède, si Ulysse veut bien se joindre à moi dans cette périlleuse reconnaissance, je suis prêt à la tenter.

— Je serai ton compagnon avec joie, dit Ulysse vivement, et j'ai l'espoir que la divine Minerve à laquelle vont mes plus ferventes prières daignera nous protéger dans notre expédition.

Les deux chefs se sont levés avec empressement ; tous les autres les regardent en regrettant de ne pouvoir tenter, eux aussi, la dangereuse aventure, et ils vérifient le bon état des armes de ceux qui partent. Thrasymède donne son sabre à Diomède qui a laissé le sien dans sa tente. Mérion attache sur la tête d'Ulysse son casque de cuir que surmontent des cornes d'ivoire. Et les deux héros s'enfoncent dans la nuit.

Au bout de quelques pas, Ulysse retient vivement le bras de Diomède : un héron vient de s'envoler derrière eux.

— Passera-t-il à droite ou à gauche ? fait-il avec angoisse. Les Dieux nous seront-ils propices ? Ô Minerve, ajoute-t-il avec ferveur, les yeux tournés vers le ciel étoilé, daigne protéger nos efforts. Notre reconnaissance immolera sur ton autel la plus belle génisse de nos troupeaux. Entends-nous, ô Déesse !

Minerve, du haut du séjour céleste, a entendu cette prière du roi qui lui est cher entre tous, le héron est passé à la droite des deux guerriers et devant ce bon présage Ulysse et Diomède éprouvent un redoublement d'ardeur.

Les instants s'écoulent, la marche au milieu de l'obscurité est malaisée ; à chaque pas, les deux amis trébuchent sur des monceaux de cadavres et d'armes.

Un faible bruit qui va se précisant parvient à ce moment à leurs oreilles ; bientôt ils distinguent une silhouette qui se dirige vers eux, venant du camp troyen.

— Écoute ! dit Ulysse à Diomède dans un murmure. Hector a eu la même pensée que nous. Il a envoyé l'un des siens pour le renseigner sur nos projets. À moins qu'il ne s'agisse là d'un simple détrousseur de cadavres. Quoi qu'il en soit, ce Troyen est de bonne prise ; nous saurons le faire parler. Laissons-le passer, nous lui couperons la retraite.

Diomède approuve ce conseil et les deux compagnons se cachent derrière un monceau de chars brisés. Le Troyen passe devant eux sans soupçonner leur présence.

Il a d'ailleurs l'esprit occupé de pensées agréables. Hector ne lui a-t-il pas promis, au cas où il réussirait à pénétrer jusqu'aux vaisseaux des Grecs, le char et les magnifiques chevaux d'Achille ! Il s'en voit déjà l'envié possesseur et ne songe qu'à se hâter pour jouir plus tôt d'un tel butin.

Mais tout à coup il bondit et se met à courir éperdument. Deux hommes se sont élancés vers lui. Il a reconnu en eux des ennemis. Sa dernière heure est arrivée. Il court plus léger que le lièvre et le chamois.

Diomède a lancé son javelot qui effleure l'épaule du fuyard.

— Arrête ! a-t-il crié, ceci n'était qu'un avertissement. Mon prochain trait te clouera au sol.

Le Troyen, à demi mort de crainte, frissonne et tombe aux pieds de ses poursuivants.

— Grâce ! leur dit-il, sauvez mes jours et je vous promets une riche rançon.

— Rassure-toi, fait Ulysse, ta franchise te sauvera la vie. Où est Hector ? Dans quelle partie du camp sont les alliés des Troyens ? Qu'ont-ils décidé ? Parle, parle donc ou mon glaive ira chercher tes paroles au fond de ta gorge.

Le Troyen est plus mort que vif tant la contenance des Grecs est menaçante. Cependant, dans l'espoir qu'il lui sera tenu compte de sa trahison, il dit qu'Hector tient conseil avec les chefs de son armée auprès du tombeau d'Ilus, tandis que ses alliés, les Lyciens, les Cariens, les Pélasgiens et les autres reposent paisiblement dans leurs tentes appuyées aux murs de Thymbré, laissant aux seuls Troyens le souci de la garde.

— Mais, ajoute le prisonnier vivement, si vous tenez à vous emparer d'un beau butin sans trop de peine, il vous faut vous diriger vers l'ouest, vers le quartier des Thraces que commande Rhésus. Celui-ci possède un char magnifique, tout d'or et d'argent, et des chevaux plus blancs que la neige. Quant à son armure... !

— Assez ! fait Diomède d'une voix impatiente. Assez, traître, nous savons ce que nous souhaitions apprendre, mais tu as parlé avec trop d'empressement pour que nous respections ta vie. Il ne te servira à rien d'avoir livré à tes ennemis les secrets que tu aurais dû taire. À mort, lâche traître !

Et sans se laisser arrêter par un mot apitoyé d'Ulysse, Diomède enfonce son glaive dans la poitrine du Troyen.

— Courons maintenant, dit-il à Ulysse. Allons au camp des Thraces afin de pouvoir ramener aux nôtres une preuve vivante de notre mission.

Rapides et légers, retenant leur souffle, ils se glissent vers les tentes de Rhésus. Celui-ci et ses gardes sont appesantis et nul n'entend le frôlement qui s'approche. Les chevaux détachés des chars paissent au centre du camp, protégés par une rangée de dormeurs. Les armes sont déposées en lignes sur le sol.

— Ulysse, fait tout bas Diomède, ces chevaux blancs qui tournent la tête vers nous sont certainement ceux de Rhésus. Ôte-leur leurs entraves tandis que je me jetterai sur ces hommes endormis. Va et que Minerve nous aide.

Ulysse s'est glissé entre les dormeurs avec de telles précautions que nul ne s'est éveillé. En un clin d'œil, les chevaux sont désentravés et le roi d'Ithaque les tenant par la bride les ramène du côté où l'attend Diomède.

Celui-ci alors, silencieusement, se penche vers les guerriers appesantis qui, bientôt, glissent du sommeil dans la mort.

Des soupirs et des gémissements ont tiré les Thraces les plus proches de leur repos. Ils veulent se jeter sur leurs armes, mais Diomède ne leur en laisse pas le temps, et avant d'avoir pu se rendre compte de l'affreuse réalité, ils expirent sous ses coups.

Diomède bondit vers la tente de Rhésus, il est saisi d'une fièvre sanguinaire et pendant qu'Ulysse enfourche un des chevaux, son compagnon égorge le roi des Thraces.

Tout le camp, au cri d'agonie de Rhésus, s'est éveillé avec des clameurs. Diomède voudrait encore lutter et tuer, tuer. Son cerveau bouillonne.

— Ami, supplie Ulysse, reviens à toi. Tu as bien vengé notre échec d'hier. Il faut partir. Dans une minute, il sera trop tard.

Diomède s'est incliné ; il saute sur le cheval que lui présente Ulysse et ils se lancent tous deux au galop. Une grêle de flèches fait jaillir le sable derrière eux. Mais aucune ne les atteint. D'ailleurs, ils sont déjà tout près du camp des Grecs, et les premiers rayons du soleil leur montrent guerriers et chefs réunis anxieux à la porte qui s'ouvre dans le rempart.

On les a reconnus : une clameur de joie les salue.

— Ô appuis de ma patrie, s'écrie le vieux Nestor en serrant les deux héros dans ses bras, sage Ulysse, vaillant Diomède, vous avez réussi à pénétrer dans le camp ennemi, je le vois. La Grèce ne peut être vaincue puisqu'elle a des fils tels que vous. Vous êtes des Dieux plutôt que des hommes.

— Vénéré Nestor, répond Ulysse en chancelant de fatigue, tes éloges nous enorgueillissent, mais nous sommes de tristes Dieux. Vois, Diomède ruisselle de sueur et moi, très humainement, j'ai faim.

On s'empresse aussitôt. Les deux guerriers sont dévêtus ; un bain les rafraîchit ; on les oint d'huile pour redonner à leurs corps la souplesse et la fraîcheur. Puis Nestor les convie à sa table, où un festin leur fait promptement oublier leurs fatigues. La première libation [1] est offerte à Minerve qui sut protéger leur audace.

Ils achèvent de se restaurer quand la trompette retentit ; les chefs sont debout aussitôt. L'Atride, ceint de sa cuirasse et monté sur son char, prend la tête de l'armée et sort du camp. Tous le suivent non sans toutefois jeter un regard vers les tentes de l'oisif Achille dont les soldats, tête basse et se mordant les poings, assistent, pleins de rage, à ce départ pour le combat.

Les chars des chefs se sont arrêtés en ligne devant le fossé protecteur. Derrière eux sont rangés les fantassins qu'encadre la cavalerie. En face des Grecs, les Troyens se sont formés aussi en bataille. Hector parcourt les rangs de ses soldats, et le soleil qui monte lentement fait étinceler les armes de mort.

Comme on voit dans un champ aux épis mûrs deux bandes de moissonneurs s'avancer l'une vers l'autre, couchant sur le sol les hampes dorées, ainsi s'élancent Troyens et Grecs, et la mort fauche.

1. La coutume est de répandre sur le sol la première coupe de vin d'un banquet, en l'honneur d'une divinité.

Le premier assaut est favorable aux Troyens, mais les Grecs se reprennent et les exploits d'Agamemnon les font hurler de joie. Les Troyens fuient éperdus devant lui et Hector lui-même ne peut les ramener au combat. Cependant il garde confiance dans cette voix secrète qui lui murmure à l'oreille :

— Aujourd'hui, ce soir, avant que la nuit n'ait répandu ses ombres sur la terre, je te donnerai la victoire.

Et il s'applique, avant toute autre chose, à empêcher que la retraite des Troyens ne devienne une déroute. Il harcèle Agamemnon. N'a-t-il pas à venger sur l'Atride la mort de plusieurs de ses frères qui viennent de rouler, sanglants, sous les coups du monarque grec ?

Et il pousse soudain un rugissement de joie : un javelot vient de traverser le bras d'Agamemnon. Celui-ci chancelle sur son char et laisse échapper sa lance.

— Eurymédon, fait-il à son conducteur d'une voix faible, presse tes chevaux, regagnons ma tente. Je souffre et je ne puis plus me soutenir.

Eurymédon a fait faire volte-face au char et retraverse la plaine au galop. Il arrive au camp et aide Agamemnon à gagner sa tente. Tous ceux qui les voient passer sont saisis d'inquiétude. La présence du chef va manquer aux guerriers.

Déjà, en effet, les Troyens ont repris courage.

— L'Atride est blessé ! a crié Hector, la victoire est à nous, enfants. Courez sus à l'ennemi ! Suivez-moi, vous allez triompher !

Aux cris d'Hector, les Troyens s'élancent et regagnent le terrain perdu. Assée, Opitès, Opheltius, Agélas, Hipponeus, dix, cent autres, tombent sous les coups du fils de Priam. Si Ulysse et Diomède ne barraient le chemin aux vainqueurs, ceux-ci auraient déjà atteint les vaisseaux des Grecs et l'incendie commencerait son œuvre destructrice. Malgré le courage surhumain d'Hector, celui de ses deux adversaires dressé devant lui met une digue au torrent de mort.

Hélas ! les Dieux sont avec les Troyens en cette journée ; appuyé au tombeau d'Ilus, Pâris, l'arc à la main, guette Diomède. Par deux fois il a décoché son trait contre le héros, mais les hasards du combat le lui ont dérobé ; ce moment le lui donne. La flèche siffle et, perçant le pied droit de Diomède, l'attache à la terre.

— Ulysse ! appelle le héros avec angoisse. Cache-moi sous ton bouclier. Je veux retirer le fer de ma blessure pour combattre encore.

— Ah ! ah ! crie Pâris qui s'élance vers Diomède, son glaive à la main, te voilà blessé, la victoire est à nous décidément.

En serrant les lèvres sur un cri de douleur, Diomède est parvenu à arracher la flèche qui le déchirait, et tandis qu'Ulysse l'aide à remonter sur son char, il crie à Pâris avec dédain :

— Ta flèche ne m'a pas fait de mal. Les traits des lâches sont sans vigueur. Mais tu sentiras les miens ; bientôt la lutte nous remettra face à face et la plus légère atteinte de mon javelot t'apportera la mort. Objet d'horreur pour les femmes, ton corps ne sera plus entouré que par les corbeaux et les vautours...

Ses paroles furieuses se perdent dans le bruit de son char qui part au galop. Autour de lui, les Grecs s'enfuient et Ulysse, le vaillant, demeure bientôt seul dans la plaine, contre un monde d'ennemis.

— Dieux ! soupire-t-il tout en frappant çà et là, faisant rouler à terre ceux qui l'approchent de trop près, suis-je perdu ? Je ne puis fuir, ce serait une infamie et, pourtant, être seul contre Troie tout entière ! Que vais-je devenir ?

Un cercle de Troyens l'entoure. Le fer sonne sur les cuirasses et les boucliers, le sang jaillit ; un coup de lance a déchiré le flanc d'Ulysse. Un brouillard voile les yeux du héros. Mais il ne veut pas tomber. Aucun Troyen n'aura ses armes en trophée. Il pousse un cri lamentable, par trois fois :

— À moi ! fait-il, et il perce de sa lance un ennemi qui levait déjà son glaive au-dessus de sa tête.

Ménélas et Ajax ont reconnu la voix de leur ami, ils se sont précipités et l'ont arraché à la meute hurlante des Troyens. Mais bientôt ils doivent reculer à leur tour et rentrer prudemment dans le camp en emportant le blessé. Hector est accouru ; devant lui tout cède. Ajax lui-même n'ose pas l'affronter.

À pas lents, couvrant la retraite des Grecs, le fils de Télamon lutte encore, comme ces grands solitaires qui descendus des forêts pour piller les épis qui calmeront leur faim, n'abandonnent la place que lorsqu'ils sont rassasiés, dédaigneux des coups de bâtons et de pierres dont les harcèlent les villageois.

Le fossé et la muraille, ces protections si fragiles du camp des Grecs, ne peuvent arrêter longtemps les efforts des vainqueurs ni rassurer les vaincus ; les tours gémissent, ébranlées sous les coups des Troyens.

— C'est notre faute, crient hagards et désespérés les soldats d'Agamemnon, nous avons élevé ces murailles sans consulter les Dieux, sans leur offrir d'hécatombe. Ils ont en haine ces remparts et ils en ont juré la ruine. Ne nous acharnons pas à les défendre. Courons sur nos vaisseaux !

Le désordre le plus affreux règne dans le camp. Presque tous les chefs sont blessés, incapables de réagir contre cette terreur panique qui s'empare des guerriers à la pensée qu'ils ont offensé les Immortels et que ce sont ceux-ci plus encore que les Troyens qui ont décidé leur perte.

Cependant Hector et ses alliés n'osent pas, sans se consulter, lancer leur armée à l'assaut du fossé et de la muraille. Ils s'assemblent rapidement. Cette fuite des Grecs cache peut-être une embûche.

— Descendons de nos chars, dit Hector. L'espace qui sépare le fossé de la muraille serait trop étroit pour eux. Il serait facile aux Grecs de nous précipiter dans le fossé. Laissons ici les chevaux. Nous serons plus agiles simplement couverts de nos armes et à l'abri de nos boucliers. Courage, amis, suivez-moi. Jupiter nous aide et nous donne la victoire.

Divisés en trois corps, les Troyens marchent à l'assaut ; leurs boucliers serrés forment devant eux un rempart d'airain. Déjà, ivres d'espoir, ils voient l'ennemi vaincu et sa flotte conquise.

Du haut des tours, les Grecs font pleuvoir sur l'ennemi des flèches et des pierres. L'air paraît en feu et les longs échos des chocs des traits sur les boucliers et les casques retentissent à travers la plaine.

Là-haut, dans le serein Olympe, les Dieux suivent, palpitants, le grand drame humain.

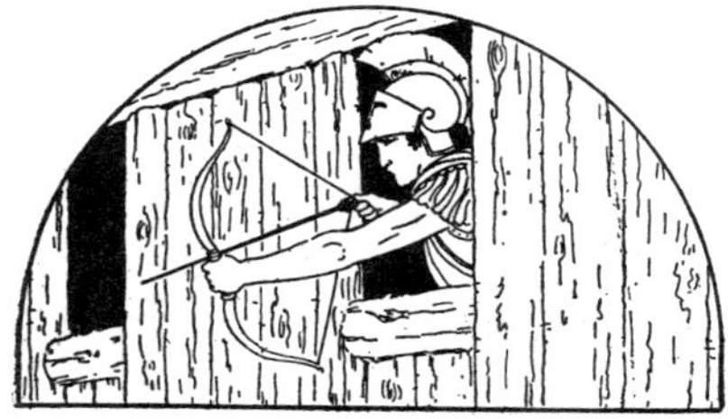

CHANT V

PATROCLE

PLUS impétueux que la tempête, les Troyens se sont élancés vers les murailles. Les premiers tombent sous les coups des défenseurs, mais la voix d'Hector surexcite le courage des siens.

— En avant ! crie-t-il, escaladez le rempart. Nous sommes vainqueurs.

Et lui-même se rue vers la porte qui s'ouvre dans la muraille et par laquelle vient de passer l'armée grecque en fuite.

Une barre de fer assujettit la porte, mais Hector se rit de cet obstacle. Il se baisse, saisit un gros bloc de rocher et le lance au milieu des ais qui gémissent et se brisent. Une clameur de désespoir retentit dans le camp des Grecs tandis que, sur les traces d'Hector, les assaillants se précipitent à travers la porte effondrée. La terreur s'est emparée des soldats de l'Atride. Sans presque se défendre davantage, malgré les cris et les ordres d'Ajax — un des seuls chefs qu'ait épargnés le combat — ils fuient éperdus vers leurs vaisseaux.

Ajax a rassemblé autour de lui les hommes que la panique ne rend pas inconscients :

— Mourons sans faiblesse, s'est-il écrié. Vendons cher nos vies à ces effrontés Phrygiens.

La phalange héroïque se porte au-devant de l'ennemi qui accourt, trop sûr de lui. Il s'attend si peu à de la résistance qu'en voyant ce bloc hérissé de lances, il a un sursaut de surprise dont Ajax profite aussitôt. Il grossit sa troupe de fuyards à qui il fait honte de leur terreur. Et, pendant quelques instants, les efforts d'Hector, de Pâris, d'Énée, de Déiphobe et d'Agénor qui commandent les Troyens se brisent devant le courage indomptable des Grecs.

— Venez, grands chefs, crie Ajax d'une voix retentissante. Oubliez vos blessures et votre fatigue ou c'en est fait de nos vaisseaux.

Ménélas et les chefs de l'Achaïe, le visage encore rouge de sang, obéissent à l'appel du fils de Télamon ; ils rassemblent leurs soldats. Il faut à toutes forces empêcher Hector de se glisser vers la droite. Les vaisseaux d'Ajax et de Protésilas sont là, tout près ; une simple barrière les sépare du lieu du combat. Si l'incendie les atteint, toute la flotte brûlera, de proche en proche. Aussi la lutte reprend-elle avec une rage accrue.

Le tumulte est inexprimable. Parmi les cris de mort les voix d'Hector et d'Ajax s'élèvent, altières, chargées d'injures.

— Viens, Hector, viens ! crie le fils de Télamon. Ce ne sont pas de vaines menaces qui feront trembler les Grecs. Le moment approche où tu devras fuir à ton tour.

— Insensé ! répond Hector avec un rire de bravade. C'est toi qui reculeras encore. Je te jetterai dans les vagues salées de la mer.

Et les clameurs redoublent des deux côtés.

À l'abri de leurs tentes, Agamemnon, Diomède, Ulysse suivent tristement de l'œil les phases de ce combat. Brisés de fatigue, épuisés par leurs blessures, ils s'étaient laissés aller au sommeil, les cris si proches viennent de les éveiller.

— Grands Dieux, s'est écrié Agamemnon en se redressant péniblement, les Troyens ont donc franchi la muraille ? Que font nos guerriers ? Ulysse ! Diomède ! l'ennemi est dans le camp.

Le désespoir a saisi le cœur des chefs accablés, et la vue de Nestor qui, les yeux baignés de larmes et le front courbé, est venu se joindre au groupe tremblant, augmente l'écrasement de l'Atride.

— Fuyons, fait-il, il n'y a plus que cette issue. Qu'on tire les vaisseaux à la mer. La nuit est proche. Ses ombres cacheront notre départ aux Troyens. Certes, nous ne nous échapperons pas tous et la fuite elle-même, au milieu de ces ténèbres, n'est pas sans dangers, mais si elle sauve un peuple tout entier de l'anéantissement, il faut courir ce risque.

Ulysse lance sur l'Atride un regard dédaigneux. Il essuie du pan de son manteau la sueur qui coule de son front :

— Quels indignes conseils oses-tu nous donner ? fait-il. Prends garde que d'autres Grecs ne t'entendent. Ils en rougiraient. Fuir, c'est achever le triomphe des Troyens. Allons combattre jusqu'au dernier soupir.

— Oui, s'écrie impétueusement Diomède, si blessés et si las que nous soyons, si incapables de lutter par nous-mêmes, nous pouvons du moins par notre présence, par nos encouragements redonner aux nôtres une ardeur nouvelle.

Le conseil de Diomède est suivi aussitôt. Hâtant le pas en s'appuyant sur leurs piques, les trois chefs marchent vers la mêlée.

Leur vue ranime en effet le courage des Grecs. Bien des fuyards reviennent sur leurs pas et après avoir échangé leurs armes brisées ou émoussées pour la plupart, ils se groupent, vivante barrière placée entre les assaillants et les vaisseaux.

— Mes enfants, crie le vieux Nestor d'une voix suppliante, épargnez-nous la honte de voir les ponts de nos vaisseaux, les bancs de nos rameurs souillés par les pas de l'ennemi. Sauvez la Grèce.

Par trois fois, Hector lance ses soldats à l'assaut de ce mur d'airain que forment, derrière leurs boucliers, les restes de l'armée grecque. La tuerie est atroce. Une fureur égale fait s'entr'égorger les combattants. Ulysse ne sent plus sa lassitude et, d'un geste précis, bandant son arc, il vise la silhouette athlétique d'Hector. Mais celui-ci semble protégé par le Maître des Dieux, car aucun des traits du roi d'Ithaque n'a sonné sur sa cuirasse étincelante. Autour de lui, les princes ses frères, ses écuyers tombent sous les coups d'Ulysse et des Ajax, mais lui, dédaigneux de cette mort qui le frôle sans jamais l'atteindre, se rue avec plus d'ardeur sur les phalanges grecques. D'avance, il s'applaudit de sa victoire.

— Cette muraille ne peut s'ouvrir comme la porte du rempart, s'écrie-t-il au troisième et vain assaut des siens contre ces Grecs qui, épuisés et sanglants, semblent enracinés dans le sol. Eh bien, nous la sauterons, mes amis. Les Dieux nous ont promis que cette journée verrait nos mains porter l'incendie sur les vaisseaux ennemis, les Dieux ne peuvent mentir. Suivez-moi !

Et d'un souple, d'un prodigieux élan, Hector bondit par-dessus les premiers rangs des Grecs.

Une clameur où passent à la fois le triomphe et la rage s'élève alors. À cette action si imprévue, Ajax et les siens demeurent atterrés, et le glaive d'Hector frappe sans rencontrer de vraie résistance.

Cette fois c'est la panique. Poussés, emportés par un flot irrésistible, les chefs grecs, sanglotant de désespoir, sont rejetés derrière la ligne des vaisseaux, ceux d'Ajax et de Protésilas qui, inclinés sur le sable, et suivant une courbe du rivage, s'offrent les premiers à l'assaut des ennemis.

Ajax rugit de colère. Grimpé sur un banc de rameurs, il défie Hector, et, de sa pique, il cherche à l'atteindre. Dans le tumulte de lutte et de mort, la voix tremblante du vieux Nestor ne peut se faire entendre. Et c'est en vain que le vieillard exhorte les combattants de la Grèce à se souvenir qu'ils luttent pour leur patrie et leur honneur.

Hector s'est précipité sur le vaisseau de Protésilas. Sa main tient une torche enflammée. Il veut être le premier à porter l'incendie sur ces coques détestées. Mais Ajax arrache de son poing le tison brûlant et le jette dans le sable, puis, il se retourne, avec l'agilité du léopard et, d'un coup de glaive il abat un ennemi qui, à l'exemple de son chef, allait jeter une torche sur le pont qu'Ajax s'est juré de défendre.

— Amis ! crie Ajax, tenez bon ! Nos destins sont dans nos mains. Rien ne peut nous sauver que nous-mêmes !...

Quels mots pourraient décrire la scène effrayante de ces combats autour des vaisseaux et quel est le Grec qui saurait assister, impassible, à cette ruine imminente de tous ses espoirs ? Si la flotte est incendiée, jamais plus l'armée vaincue ne reverra les rives parfumées que baigne la mer de Myrto [1]. Pas un homme n'échappera à la mort, aucun asile ne s'offrira désormais à lui.

1. Partie de la mer Égée.

Sa main tient une torche enflammée. (Page 75.)

À l'autre extrémité du camp, le visage tendu vers tous ces bruits de mort, Patrocle, le fidèle ami d'Achille, a soulevé la draperie bigarrée qui masque l'entrée de la tente. Et tandis que le fils de Pélée touche avec indifférence les cordes dorées de sa lyre, Patrocle sent son cœur se briser.

Il ne peut supporter plus longtemps le spectacle de cette lutte qui donne la victoire à l'ennemi. Il est grec et la Grèce va mourir avec tous ses guerriers les meilleurs sur ce sol barbare. Il tord ses mains et, se tournant vers Achille, il s'écrie en sanglotant :

— Ô fils de Pélée, as-tu donc résolu de laisser périr tous nos frères sans faire au moins un geste de secours vers ceux qui tombent ? Achille, les plus vaillants chefs grecs sont mourants ou blessés. L'ennemi est dans le camp. N'aperçois-tu pas la haute taille d'Hector, la flamme au poing ? Dieux, les agrès du navire de Protésilas s'embrasent ! De quel poids est ta colère si elle t'empêche de te précipiter là où l'on se bat. Ah ! tu n'es pas un guerrier. Ton père rougirait de toi... Oui, je sais, on a prédit ta prompte mort sous les murs de Troie. C'est cet oracle qui te retient sous ta tente à l'heure où la place d'un Grec est dans la lutte, parmi ces flammes qui s'élèvent. Achille, laisse-moi au moins prendre ta place. Donne-moi ton armure, je guiderai les Thessaliens au combat et, abusés par ce déguisement, les Troyens croiront que c'est toi qui viens les combattre. Oh ! alors, je réponds de la victoire. Ils seront repoussés, le camp sera sauvé. Achille, par pitié, donne-moi tes armes, ta cuirasse. Permets-moi de sauver les Grecs.

Patrocle presse en sanglotant les mains de son ami. Celui-ci s'efforce en vain de contenir sa propre émotion. Son ressentiment, si vivace qu'il soit, ne peut lui faire accepter d'un cœur insensible le danger que court sa patrie. D'un signe, il commande à ses écuyers d'apporter à Patrocle son armure d'or aux agrafes d'argent, son glaive et son immense bouclier. Lui-même pose sur la tête de son ami le casque étincelant où flotte un long et ondoyant panache. Puis, embrassant Patrocle :

— Ami, lui dit-il avec douceur, pars, tu le veux et je le veux aussi. Mais reviens-moi. Ne t'aventure pas au-delà du camp. Il suffit que les Troyens en soient chassés. Ne te laisse pas entraîner par ton ardeur près de leurs murs. Un sombre pressentiment s'empare de mon esprit à cette pensée. Laisse-moi la gloire de tenter moi-même l'assaut de Troie... quand j'aurai pardonné à Agamemnon. Cher Patrocle, pense à sauvegarder ta vie pour le jour où, tous les deux, nous irons à la tête de mes Thessaliens assiéger Ilion.

Sur une dernière étreinte, Patrocle s'est élancé vers son destin. Il sort de la tente et crie aux Thessaliens accourus :

— Guerriers, suivez-moi. Vous avez longtemps murmuré contre Achille qui vous maintenait hors de la lutte, il vous faut faire preuve aujourd'hui du courage et de l'ardeur qui paraissaient dans vos reproches, si fougueusement.

Une longue acclamation salue cet appel de Patrocle. Le poing tendant le glaive, les narines dilatées d'une sombre ivresse, chaque Thessalien est transporté d'enthousiasme. Patrocle saute sur le char d'Achille qu'Automédon, son conducteur, vient d'arrêter devant lui.

Les chevaux du fils de Pélée sont célèbres par leur ardeur et leur vitesse. On leur attribue une origine divine tant leur beauté parfaite les rend supérieurs à tous. Achille enveloppe d'un long regard le guerrier que le char emporte déjà au galop de ses chevaux et les phalanges thessaliennes qui marchent serrées, formant une masse impénétrable. Sur ses lèvres, l'inquiétude de son cœur met un soupir. Il prend une coupe précieuse, l'emplit de vin et debout, les yeux au ciel, après avoir fait une libation, il supplie Jupiter de donner la victoire aux Thessaliens et de les ramener sains et saufs.

Mais Jupiter n'exaucera que la moitié de cette prière. Cependant, à la vue de Patrocle qu'ils prennent pour Achille, les Troyens se sentent glacés de frayeur, tandis que les Grecs poussant des cris de joie se remettent à combattre avec une ardeur accrue.

Les Thessaliens se jettent dans la mêlée. Mais déjà l'ennemi perd pied, se disperse. Le premier coup de javelot de Patrocle a renversé Pyrechmès, roi des Péoniens, un des plus vaillants alliés de Troie. La mort de leur chef porte l'épouvante dans le cœur de ses soldats, et c'est une fuite éperdue qui force les Troyens à se replier rapidement pour ne pas être encerclés.

— La victoire est à nous ! crie Diomède. Et, sautant sur son char, il s'élance avec Patrocle à la poursuite de l'ennemi.

Le commencement d'incendie de la flotte a été aussitôt éteint. Les Grecs respirent. L'espérance et l'audace renaissent dans leurs cœurs. Ainsi quand le nuage de tempête se dissipe, rochers, montagnes et bois se parent de lumière et de couleurs.

Mais, dispersés et fuyant, les Troyens combattent encore. Les javelots, les glaives frappent et tuent. Dans les deux armées des vaillants expirent, la violente odeur des combats monte dans l'atmosphère vers les Dieux qui regardent. Ajax s'est lancé à la poursuite d'Hector, et Patrocle, tout à la fièvre de la lutte, oubliant les recommandations d'Achille, vole sur les pas du fils de Télamon. Derrière leur chef, les Thessaliens ressemblent à une bande de loups avides de sang.

— Arrête-toi ! crie Patrocle à Hector dont les chevaux sont haletants et blancs d'écume. J'ai à venger tous les héros que la Grèce a perdus.

Mais Hector ne peut plus arrêter son attelage fou de peur et Patrocle ne le rejoint pas. Il se venge de cette déconvenue sur tous les Troyens qu'il peut atteindre et il en fait une hécatombe. Tour à tour Pronoüs, Thestor, Eryale, Tlépolème, Iphée, vingt, cent autres tombent sous ses coups et confondent leur sang et leurs derniers soupirs.

L'héroïque Sarpédon partage le sort de ses alliés, lui, le plus brave des chefs troyens après Hector. Il a voulu s'attaquer à Patrocle, mais sa pique a glissé et n'a blessé qu'un des chevaux d'Achille. Automédon fait cabrer son attelage ; Patrocle se penche et son javelot atteint son ennemi en pleine poitrine.

— Ton armure est à moi, Sarpédon ! crie Patrocle qui descend de son char pour enlever les dépouilles du chef vaincu.

Mais tandis qu'il se baisse vers le corps étendu, les cris des Thessaliens lui font relever la tête.

Hector a appris la mort de Sarpédon. La douleur et la rage l'ont transporté. Il sauvera les restes sacrés du héros troyen. La volonté décuple sa force. Il arrête la course de ses chevaux affolés et les ramène vers la bataille.

— Luttons ! crie-t-il à ses guerriers. Les Grecs ne sont pas sauvés encore.

La bataille est intense autour du corps défiguré de Sarpédon, pour enlever ou protéger ses armes et sa cuirasse, dépouilles opimes[1] sans lesquelles un vain-

1. L'expression, venue du latin, désigne les riches dépouilles d'un général tué par un général adverse qui en fait son trophée.

queur ne se sent pas vraiment vainqueur. Mais en apercevant Hector non loin de lui, Patrocle dédaigne de combattre plus longtemps pour une armure. Le salut de la Grèce parle plus haut dans son cœur que son orgueil de soldat.

Il lance son char contre Hector.

Soit tactique, soit frayeur, celui-ci recule et, de toute la vitesse de ses chevaux, reprend la route de Troie.

En voyant son ennemi fuir encore devant lui, Patrocle oublie toute prudence :

— Va ! commande-t-il à Automédon qui tente de lui rappeler les paroles d'Achille. Cours ! La peur me livre ce fameux Hector. Les murs d'Ilion sont dégarnis de défenseurs. Il peut suffire de mon assaut pour réduire la cité.

Et, transporté d'orgueil et d'ardeur, Patrocle, penché à l'avant du char, semble vouloir devancer l'élan des chevaux.

Mais soudain Hector fait demi-tour et se précipite sur Patrocle. Celui-ci a lancé son javelot. Hector baisse la tête et c'est son conducteur Cébrion qui reçoit le coup mortel. Il roule dans la poussière.

— Ah ! ah ! crie ironiquement Patrocle, je croyais avoir des guerriers à combattre et non des pantins. Pourtant, cette armure est bonne à prendre.

Il a sauté à terre, Hector l'imite aussitôt et un corps à corps s'engage entre les deux chefs. Autour d'eux le combat continue ; les flèches et les javelots passent en sifflant sinistrement ; les boucliers résonnent sous les pierres qui les frappent. Nul ne fuit, nul ne cède. Avec la même ardeur farouche, chacun des deux peuples se rue à la mort.

Le soleil est déjà haut dans le ciel et la victoire flotte encore incertaine ; la balance de Jupiter est immobile dans la main du Maître des Dieux.

Neuf guerriers sont tombés sous les coups de Patrocle, quand soudain — est-ce la main d'Apollon, protecteur d'Hector, qui s'est posée sur les yeux du Grec, troublant sa vue et sa raison ? — l'ami d'Achille chancelle. Son casque empanaché roule sous les pieds des chevaux, dans le sang et la poussière ; sa pique se brise dans sa main ; de son poing le lourd bouclier s'échappe et tombe ; les liens de sa cuirasse se dénouent comme sous l'effort d'une main invisible.

Patrocle passe sur son front humide d'une sueur glacée ses doigts qui tremblent. Un pressentiment mortel s'est emparé de son âme. Il voudrait fuir, mais tout mouvement lui est devenu impossible ; il reste debout, comme rivé au sol, immobile et sans force.

Un Troyen s'est glissé derrière le héros et d'un coup de glaive entame son épaule. Malgré la douleur, Patrocle n'est pas abattu. Il lève son bras désarmé mais toujours menaçant vers Hector qui s'approche, brandissant son glaive.

— Ce n'est pas toi qui me tues, fait-il avec orgueil, ce sont les Dieux. Ah ! si je n'avais eu que des Troyens à combattre ! Mais les Immortels m'ont vaincu.

Le glaive d'Hector s'est enfoncé dans sa poitrine jusqu'à la garde. Il tombe. Entre les boucles de ses cheveux blonds, sa tête si pâle ressemble au blanc calice d'une fleur des eaux. Ses yeux se ferment sur le tumulte de la bataille, son âme peu à peu le quitte pour le grand voyage des ombres.

— Je serai bientôt vengé, murmure-t-il. La mort est sur ta tête et le destin aiguise pour toi le fer d'Achille.

Il est mort. Hector demeure comme écrasé de sa victoire. Et son étonnement est tel qu'il donne le temps à Automédon de mettre ses chevaux au galop et de sauver ainsi de l'ennemi le char de son maître, en même temps que sa propre vie.

Ménélas voit passer devant lui, rapide comme l'éclair, l'attelage si connu.

— Où est Patrocle ? crie-t-il à Automédon. Mais le visage baigné de larmes de celui-ci le renseigne suffisamment. Alors Ménélas, n'écoutant que son désir de venger Patrocle ou tout au moins de défendre son corps et ses armes contre ses vainqueurs, se précipite vers l'endroit où est tombé le héros thessalien. Il trouve devant lui Euphorbe, le Troyen qui a porté le premier coup à Patrocle et qui convoite ses dépouilles. Le Grec lève le bras ; son glaive s'enfonce dans la gorge de son ennemi dont le corps tombe, tout sanglant, sur celui de Patrocle. Mais Hector s'est dressé devant Ménélas. Vingt Troyens l'entourent et devant cette lutte trop disproportionnée, le Grec doit reculer.

Il lui faut donc abandonner le corps de Patrocle ? Il ne peut s'y résigner. Il jette les yeux autour de lui.

— Oh ! si Ajax était là, pense-t-il, à nous deux nous pourrions affronter tous ces ennemis, sauver les restes de Patrocle et les rendre au fils de Pélée.

Et tout à coup, il pousse une exclamation de joie. Ajax est là, tout près, combattant au milieu d'un groupe acharné.

— Ajax ! Ajax ! crie-t-il. À moi ! Patrocle est mort. Sauvons ses restes des outrages de l'ennemi. Hector déjà s'est emparé de ses armes. Ne laissons pas les Troyens profaner le corps de ce vaillant.

Ajax a bondi auprès de Ménélas, la rage emplit son cœur, et les deux chefs volent vers Hector qui, le glaive à la main, s'apprêtait à trancher la tête pâle du vaincu. Mais en apercevant le fils de Télamon, il hésite, il recule.

— Allez-y ! commande-t-il aux siens, portez à Troie l'armure que j'ai conquise, je m'en parerai pour la honte des Grecs.

Il s'élance sur son char et en peu d'instants il parvient à la porte de la ville. Tandis qu'il endosse la cuirasse d'Achille et attache son bouclier à son poignet, il s'aperçoit que Ménélas et Ajax ont enfin réussi à s'emparer du corps de Patrocle et qu'ils s'efforcent de l'emporter loin du combat.

Hector fronce ses noirs sourcils. Si les restes de Patrocle lui échappent, n'est-ce point une offense à son courage ? Il pousse un cri terrible.

— Mestlès, Glaucus, Médon, Orsiloque ! appelle-t-il. Revenons au combat. Il nous faut consommer la défaite des Grecs. Celui qui, dans nos murs, traînera le corps de Patrocle et fera reculer Ajax, partagera l'armure d'Achille avec moi et jouira d'une gloire égale à la mienne.

Tous se précipitent à nouveau sur les Grecs avec des clameurs. Ajax et Ménélas se jugent perdus devant ce nombre d'ennemis, mais ils ne reculent pas. Ils reposent sur le sol ce corps pour lequel ils risquent leur existence et l'abritent sous leurs vastes boucliers. Leurs compagnons entourent les glorieux restes de leur sauveur. Ils jurent de mourir jusqu'au dernier plutôt que de les abandonner aux Troyens.

Les heures coulent, et c'est une lutte atroce. Jamais encore elle n'a revêtu un tel caractère d'acharnement. Les Grecs combattent en cet instant non pas pour leur vie mais pour leur honneur, et aucune voix ne peut retentir plus haut au cœur de ce noble peuple.

La mêlée oscille. Tantôt les Grecs, en reculant, laissent à découvert le corps qu'ils défendent, tantôt ils le reprennent à ceux qui déjà l'entraînaient vers Troie. Schédius, Phoscys, Hippothoüs, Léocrite,

Amyaton, Astéropée expirent ; les deux armées convergent vers cet unique point du champ de bataille. Les murs de Troie, les vaisseaux des Grecs, ces buts qui depuis dix ans font battre le cœur des combattants, disparaissent devant cette unique ambition : posséder les restes de Patrocle. Ils sont pour tous un symbole et c'est la victoire définitive que personnifie ce pauvre corps sanglant. Quelle tuerie pour l'avoir ! Héros grecs et troyens l'inondent de leur sang. Il semble que Jupiter se plaise au jeu cruel de donner l'avantage tour à tour aux deux armées. Il a commandé à la Discorde et à la Fureur d'agiter sans cesse autour des combattants leurs torches mortelles et ces farouches Divinités n'obéissent que trop bien.

Minerve et Apollon se glissent dans la mêlée. Leurs voix mystérieuses et puissantes raniment et excitent l'ardeur des Grecs et des Troyens.

— Il faut qu'Achille soit prévenu, fait Ménélas à Ajax tout en combattant. Qui est celui qui ira porter au fils de Pélée cette lugubre nouvelle ? Antiloque, cours, vois Achille, dis-lui... Peut-être viendra-t-il nous aider à triompher.

— N'attendons rien que de nous, dit brusquement Ajax. Achille n'a plus d'armure et ne peut combattre. Mais regarde, Ménélas, les Troyens plient. Saisissez, Mérion et toi, entre vos bras le corps de Patrocle, emportez-le loin du combat. Nous protégerons votre retraite en vous couvrant de nos boucliers.

Les deux guerriers, obéissant à ce conseil, prennent le cadavre dans leurs bras. Ajax, le regard étincelant, redouble de courage et d'ardeur. Autour de lui, les Grecs se sont serrés en une barrière impénétrable, et, malgré les efforts d'Hector, malgré les hurlements des Troyens, furieux de voir échapper leur proie, bientôt les restes de Patrocle sont en sûreté sur le char de Ménélas.

Haletants de fatigue, mais heureux et fiers d'avoir réussi dans la tâche qu'ils s'étaient imposée, Ménélas et Mérion, debout sur le char, excitent de la voix les chevaux qui partent au galop.

Derrière eux, Ajax et les siens obéissent à leur fatigue et se replient rapidement afin d'aller chercher asile derrière le fossé du camp. Les Troyens les poursuivent en criant :

— Nous savons comment on pénètre jusqu'à vos vaisseaux. Cette fois, vous ne trouverez pas de Patrocle pour vous sauver de la défaite !

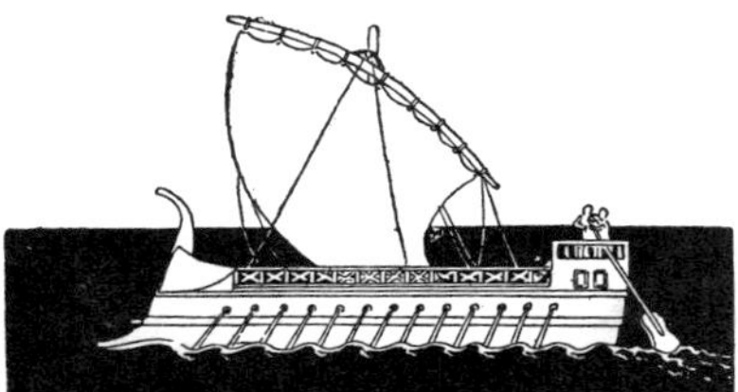

CHANT VI

LA DOULEUR D'ACHILLE

ACHILLE, depuis le départ de Patrocle, est demeuré assis au seuil de sa tente, la tête tendue, prêtant l'oreille aux bruits sinistres de la bataille. Il a vu que son ami ne s'est pas borné à chasser l'ennemi du camp et son cœur s'est serré à la pensée qu'il est là-bas, sous les murs d'Ilion, environné de dangers.

— Pourquoi l'ai-je laissé partir, se dit-il avec tristesse, ou pourquoi ne l'ai-je point accompagné ? Malheureux ! j'ai écouté mon ressentiment obstiné plutôt que l'amitié. Ô Jupiter, daigne écarter de Patrocle, s'il en est temps encore, la froide horreur du tombeau...

Pendant des heures, les prières se pressent sur les lèvres d'Achille, mais elles sont sans force pour s'envoler vers le maître des Dieux, car celui pour qui elles s'exhalent n'est déjà plus que ce corps inanimé qui rougit la plaine.

Et Antiloque, essoufflé, le visage altéré, s'est placé devant Achille. Celui-ci pousse un cri, l'interroge du regard. Le messager baisse la tête.

— Oui, fait-il, Patrocle est mort. Tes armes, ô divin Achille, sont aux mains d'Hector. Et les restes sanglants de ton ami sont près de devenir la proie des Troyens.

Achille s'est laissé tomber à terre en poussant des cris affreux. Il lui semble que son cœur s'est fendu sous la douleur comme l'aubier pourpre du chêne sous la cognée du bûcheron. Il se roule sur la poussière, arrachant ses cheveux et ses vêtements. Antiloque presse ses mains en sanglotant. Il s'efforce d'arracher le jeune prince aux premiers égarements de sa peine. Autour d'eux esclaves et serviteurs contemplent avec des larmes le désespoir de leur maître. À genoux, ils le supplient de respecter sa propre vie. Mais Achille n'écoute rien. Sa pensée erre, confuse, dans un océan de douleur. Le héros craint de tous, crie et pleure comme un enfant.

Et sa mère l'a entendu.

Du fond des ondes, dans le palais de rocs et d'algues qu'elle habite parmi des nymphes et des sirènes, Thétis, la déesse marine, a senti le malheur qui accablait son fils. Invisible, elle a volé jusqu'à lui, elle s'est penchée et l'a pris dans ses bras :

— Ô mon fils, lui dit-elle. Que puis-je pour ta peine ? Cesse de te meurtrir. Hélas ! le Destin est plus fort que nous. Fuis ce rivage maudit qui t'a donné ta première grande peine. Fuis-le ou tu y périras aussi.

— Non, dit Achille dans un sanglot farouche, je veux venger le compagnon, le frère que j'ai perdu. Que m'importe la mort. Celle de Patrocle a emporté la moitié de mon âme. J'abhorre la vie. Ma mère, pourquoi m'avoir aidé dans ma rancune ? Sans elle, sans cette obstination qui m'a enchaîné dans l'oisiveté, je serais resté à la tête des Grecs. J'aurais repoussé l'attaque des Troyens et Patrocle, mon cher Patrocle serait vivant encore. Je vais égorger Hector, l'assassin de mon ami. Que la mort me prenne ensuite. Je ne regretterai rien.

Thétis baise son fils au front. Elle soupire avec tristesse, mais elle ne tente point d'amollir sa volonté.

— Attends-moi, lui dit-elle. Pour combattre, il te faut des armes. Et les Dieux seuls peuvent en forger pour un tel héros. Le soleil se plonge dans l'Océan ; la nuit va arrêter la bataille. Déjà ses bruits s'apaisent. Demain, aux premiers rayons du jour, je t'apporterai des armes dignes de toi.

Et tandis qu'Achille se relève en soupirant, la Déesse s'envole vers l'Olympe.

Quelques instants plus tard Ménélas et Mérion conduisant le char funèbre où gît le corps de Patrocle, s'arrêtent devant les tentes thessaliennes. Achille s'élance en sanglotant sur le cadavre glacé. Dans son égarement, il croit pouvoir le rendre à la vie en lui donnant de sa propre chaleur. De sa bouche, de ses mains, il presse le visage, les mains de son ami. Ses cris lugubres remplissent le camp où tous les Grecs, émus de cette douleur, pleurent et frissonnent.

— Je te vengerai, Patrocle, fait-il dans un serment solennel, et je te rejoindrai au tombeau. Mais le sang d'Hector ne sera pas seul à apaiser ton ombre et sur ton bûcher funèbre j'immolerai de mes mains douze jeunes Troyens. Ainsi, ô mon ami, le flot du sang ennemi rougira ce sable où le tien a coulé.

Pendant qu'Achille, en proie à sa douleur, remplit l'air de ses gémissements, les guerriers thessaliens lavent le corps ensanglanté de Patrocle, l'oignent d'huile et de baume et, après l'avoir placé sur un lit funèbre, le couvrent d'un linceul.

Toute la nuit, rassemblés autour de leur prince, ils pleurent avec lui son cher Patrocle.

À peine l'aube a-t-elle rouvert les portes de l'Orient que Thétis, fidèle à sa promesse, se penche sur le front accablé de son fils. Elle essuie les pleurs qui ruissellent de ses yeux.

— Ô mon fils, dit-elle tendrement, l'heure n'est plus aux vaines larmes. Vois les armes que je t'apporte. Le divin Vulcain les a forgées pour toi. Cinq lames de cuivre et d'or forment ton bouclier. Le dieu y a ciselé toutes les merveilles du monde, les astres, la terre avec ses hommes et ses choses. Les Dieux eux-mêmes y resplendissent ; les bois, les plaines, les montagnes y sont reproduits dans leurs aspects enchanteurs. Laisse-moi poser sur ton front ce casque rutilant que surmonte un panache d'or et serrer autour de ta taille cette cuirasse plus éclatante que le feu. Prends ce glaive. Vulcain l'a forgé dans vingt fourneaux, au souffle obéissant des vents. Vois comme il brille. Mon fils, quel ennemi assez audacieux pourrait fixer ses yeux sur ces clartés immortelles ? N'es-tu pas fier d'être le seul homme à posséder ce chef-d'œuvre d'un dieu ? Sèche tes yeux, enfant. Il ne faut plus pleurer.

Achille contemple avec admiration et orgueil ces armes resplendissantes. Son cœur de guerrier en est transporté d'une joie sombre.

— Merci, ma mère, dit-il. Grâce à ce présent des Dieux, l'ombre de Patrocle pourra errer en paix aux champs élyséens.

Il s'est levé, les yeux brillants d'un feu farouche et appelant autour de lui ses Thessaliens, il se dirige vers les vaisseaux des rois ses alliés.

Ceux-ci sont réunis sous la tente de l'Atride pour un conseil. Ils sont pâlis par la fatigue et les souffrances de leurs blessures. Mais l'espoir fait étinceler leur regard. Ils savent qu'Achille a juré de venger Patrocle et d'oublier enfin son long ressentiment.

Et voyant entrer le fils de Pélée, ils se lèvent et l'acclament.

LA DOULEUR D'ACHILLE

Vois les armes que je t'apporte. (Page 90.)

— Gloire à Achille, dit Ulysse en allant vers lui les mains tendues. Et bénis soient les Dieux qui, des jours de deuil savent tirer comme d'un champ fécondé, des moissons de joie.

Achille hoche la tête et dit d'une voix triste mais ferme :

— Atride, oublions s'il se peut notre erreur et nos pertes. Si la funeste Discorde n'avait agité sa torche entre nous, que de vaillants vivraient encore ! La Grèce pleurera longtemps les détestables effets de notre colère à tous deux. Mais courbons notre orgueil sous le joug de la nécessité. Commande à nos guerriers de marcher au combat et j'y courrai avec eux. Je poursuivrai les Troyens jusque sous les murs d'Ilion et Hector, je l'ai juré, ne m'échappera pas.

Les Grecs applaudissent ces mots avec transport. L'Atride lève la main pour réclamer le silence.

— Achille, fait-il sans mettre dans son ton son orgueil habituel, je te rends grâce. Ton retour comble de joie tous les Grecs et nous fait oublier nos maux passés. Mais je le sens, nous n'avons point été responsables de notre querelle. Ce sont les Dieux, c'est le Destin qui égarèrent notre raison, qui mirent dans notre cœur, à moi mon funeste désir de te faire injure, à toi ton long ressentiment. Je veux guérir, autant qu'il est en moi, la plaie que j'ai faite. Tous les présents que je chargeais naguère Ulysse d'aller t'offrir vont t'être apportés. Tu retrouveras ta Briséis. Je ne l'ai pas offensée. On a eu pour elle tous les égards que méritait la fiancée chérie du grand Achille.

Sur un signe d'Agamemnon, les présents promis à Achille sont apportés devant lui. L'or des trépieds et des vases brille d'un éclat joyeux. Douze splendides chevaux de Thrace maintenus avec peine par des écuyers semblent déjà s'enorgueillir du maître auquel on les destine, et sept jeunes esclaves penchent leur joli front avec respect devant cet Achille illustre entre tous les Grecs. Près d'elles, Briséis, cachant à demi ses longs yeux noirs derrière son voile, pleure et sourit à la fois.

— Briséis ! murmure doucement Achille. Te voici donc, Bien-aimée. Hélas ! le bonheur de te voir ne peut me faire oublier le chagrin de la perte que j'ai faite.

— Divin Achille, dit Briséis en se courbant sur la main du héros attristé, je pleure avec toi la mort de ton ami qui toujours fut le mien. Confident de mes peines et de mes joies, c'est lui qui m'a consolée de la mort de tous les miens en me parlant d'union, de bonheur futur. N'est-ce pas beaucoup à lui qui intercéda pour moi auprès de toi que je dois ton amour ? Toute ma vie, je le pleurerai.

Achille soupire, puis ses sourcils se froncent et d'une voix assourdie de colère :

— Et moi je le vengerai. Et tout de suite, dit-il. Oh ! avant même que le bûcher ne vienne à bout de son cadavre, Hector tombera. Atride, et vous tous, héros de la Grèce, c'est au combat que je vous appelle. Je veux éteindre dans le sang la fureur qui me dévore. Affaiblis par la faim, énervés par la fatigue, luttez encore. Ne nous arrêtons que lorsque l'ennemi aura été vaincu. Pour me suivre, trouvez en vous de surhumaines énergies.

L'Atride applaudit à la demande passionnée d'Achille.

— Armons-nous, dit-il. Qu'on attelle les chars. Je volerai sur les traces du fils de Pélée.

Mais Ulysse s'approche des deux rois et leur prend la main.

— Achille, dit-il, tu as plus que moi de vigueur et d'audace, mais l'âge et l'expérience ont mûri mon esprit et j'ai acquis le droit d'éclairer ta jeunesse.

Daignez écouter mes conseils, l'Atride et toi. Une armée qui jeûne est vite au bout de ses forces et même de sa colère. Pour bien venger nos morts, il nous faut être vivants et robustes. Allons, guerriers, à table ! Nous n'en volerons que mieux au combat tout à l'heure. Et nul de vous, je le sais, ne restera en arrière. Le vin fait les corps souples et les cœurs ardents.

Le sage conseil d'Ulysse reçoit l'approbation de tous, et Achille, quoique soupirant d'avoir à réfréner son impatience, doit se ranger au commun avis.

Les tables sont dressées à la hâte dans le camp ; tandis que les esclaves font cuire les mets et versent le vin dans les coupes, les chefs grecs offrent un sacrifice propitiatoire[1] aux Dieux. Agamemnon et Achille se jurent solennellement affection, et le sang d'un taureau blanc scelle cette réconciliation prometteuse de victoire.

Bientôt les Grecs goûtent le repos de la table. Rafraîchis, restaurés, ils se sentent prêts à affronter encore les fatigues du combat. Seul, Achille n'a point imité ses compagnons. Assis auprès d'eux, le cœur gonflé d'amers soupirs, il attend impatiemment la fin de ce repas qui lui semble interminable. Accablé par son chagrin, il ne veut pas prendre sa part d'une fête d'où son ami est absent à jamais. Et ses pensées désolées vont vers le rivage de Thessalie où son père attendra en vain le retour des jeunes gens joyeux qui en partirent naguère.

L'Atride s'est levé enfin. Il donne le signal du départ et, de tous les côtés du camp, les guerriers s'élancent pour se masser. Qui donc croirait à les voir marcher, fermes et menaçants, que la veille encore,

1. Un sacrifice qui a pour but de rendre les divinités propices (favorables) afin d'obtenir leur aide.

à demi écrasés par les Troyens, ils sentaient sur eux planer la défaite ?

Achille, revêtu de son armure, le front ceint du casque aux aigrettes de flamme, portant d'une main son bouclier, de l'autre, la lance que lui donna Pélée son père, lance meurtrière qu'aucun autre guerrier ne peut manier, s'avance à la tête des phalanges, aux côtés de l'Atride.

Il est monté sur son char et, de la voix, il excite et gourmande ses chevaux :

— Ho ! fait-il, Xanthus et Balius, songez du moins à ramener votre maître. N'allez pas le laisser, comme vous avez fait de Patrocle, étendu sans vie dans la plaine de Troie.

Les nobles animaux ont secoué la tête en hennissant comme s'ils répondaient aux paroles de leur maître. Et celui-ci reprend, avec un triste sourire :

— Je vous comprends, ce n'est pas votre lenteur ni votre manque d'ardeur qui ont trahi Patrocle et livré mon armure aux Troyens, ce ne sont pas elles qui me feront moi-même tomber sous les coups de l'ennemi. Ce sont les Dieux. C'est le Destin. Mais qu'importe. Je mourrai puisqu'il le faut, loin de mes parents, de ma patrie, mais je mourrai vainqueur et sur des monceaux de Troyens.

Et poussant un cri sauvage qui roule longtemps ses échos, il lance ses chevaux en avant. L'armée s'ébranle. Au milieu de la plaine, rangés en ligne, les Troyens attendent le choc.

Tout de suite le combat devient féroce et sans merci.

Hector, cependant, fuit la rencontre d'Achille qui le cherche. Une voix secrète — peut-être celle d'Apollon protecteur — a murmuré à son oreille de ne point combattre à cette heure contre Achille. Et, effrayé à cet ordre, Hector s'est rejeté au milieu des siens.

Le courage d'Achille et son adresse incomparables se donnent cependant libre cours. Il s'attaque aux chefs, dédaignant les simples guerriers, et, de sa lance, il les précipite à bas de leurs chars.

— Ah ! crie-t-il avec ironie à chaque chute mortelle, vos pieds ne vous soutiennent donc pas ? Iphition, toi qui naquis au pied du Tmolus, tiens ! voici qui t'apprendra à connaître Achille !... Et toi, Deucalion, ton père s'est-il flatté de te revoir ? L'imprudent ! Et toi, Hippodamas, ah ! que tu tombes bien ! Crie, crie encore ! Ne croirait-on pas entendre les mugissements d'un taureau sur l'autel de Neptune ! Polydore, est-ce toi, jeune fils de Priam ? Tu étais fier de ton agilité, tu courais au premier rang, mais tu avais compté sans Achille.

Et riant d'un rire farouche, il frappe ici et là, et chacun de ses coups fait une victime. Sa pique s'enfonce dans le sein de Dryops, elle perce le flanc de Démuchus, égorge Laogon et Dardanus, renverse sans vie le jeune Tros qui, à genoux, implorait la pitié de son vainqueur.

— Non, non, hurle Achille en redoublant ses coups, je ne fais pas grâce. Tombez, tombez, Troyens insensés, et qu'avant de mourir vous pleuriez l'instant où Patrocle a péri. Tout votre sang, toutes vos larmes coulent sur ma pensée sans apaiser ma soif de vengeance. Meurs, Mulius, meurs, Echéclus, meurs, Aréthoüs. Ah ! ah ! comme tes chevaux emportent rapidement ton char abandonné !

Xanthus et Balius courent en hennissant sur les blessés et les morts.

— À d'autres ! à d'autres ! crie Achille enivré de carnage. Devant lui les Troyens fuient, éperdus. Pris de panique, ils foulent cette plaine où la veille Hector, triomphant, semait la terreur et la mort.

Achille les poursuit jusque dans les eaux de l'impétueux Xanthe et frappe à droite, à gauche, renversant ceux qui essayaient de lutter contre les flots et tentaient d'échapper à la nage.

— Ai-je assez tué ? se demande Achille que la vue de tout ce sang rend ivre. Non, pas encore. Lycaon, est-ce toi, mon prisonnier de naguère que je rendis contre rançon ? Aujourd'hui, il n'y a plus de pitié, meurs, Patrocle est mort ! Et moi, le héros de la Grèce, le fils de la déesse, demain, ce soir, tout à l'heure peut-être, un javelot m'étendra sur la poussière. Meurs ! les poissons lécheront tes blessures !...

Les Troyens n'ont respiré qu'à l'abri de leurs remparts. Leurs morts s'entassent dans la plaine. Hector, couvrant la retraite précipitée des siens, s'est arrêté à la porte Scée.

Priam, qui du haut des murs a contemplé la bataille avec désespoir, s'accroche à son fils.

— Cher Hector, gémit-il. Pourquoi t'attarder à cette porte ? Monte jusqu'à ton palais afin de te restaurer et de reprendre tes forces, mais ne t'aventure point à combattre l'invincible Achille. Conserve-toi pour tant d'objets qui doivent t'attacher à la vie. Rentre, mon fils, rentre dans nos murs ; quelles que soient les pertes que j'ai faites aujourd'hui, si tu me restes, Hector, si tu demeures le soutien de mon peuple, je ne puis pas pleurer.

Priam pleure et courbe sur la main d'Hector sa tête blanche. Hécube s'est jointe à son époux pour supplier leur fils de renoncer à combattre contre Achille.

— Aie pitié de ta mère, lui dit-elle en arrosant le visage d'Hector de ses larmes. Ne va pas braver ce farouche ennemi. Si tu péris sous ses coups, ta mère, ton Andromaque ne pourront pas donner la sépulture à ton corps. Loin de nous, tu seras la pâture des chiens. Cher Hector, mon fils bien-aimé, ah ! garde-toi pour tout ce peuple alarmé. Que deviendra-t-il si tu tombes ? Les hommes égorgés, les femmes emmenées en esclavage, les enfants au berceau écrasés contre la terre. Aie pitié de nous !

Mais Hector les repousse doucement bien que son cœur saigne à la vue de leur douleur, bien que ses yeux cherchent parmi la foule des toits de la cité celui qui abrite sa femme et son enfant. Une tristesse infinie l'étreint à la gorge ; mille pensées contradictoires se heurtent dans son esprit. Rentrer s'abriter derrière les fortes murailles de Troie ? S'en aller suppliant offrir au fils de Pélée de rendre aux Atrides Hélène et les trésors dérobés par Pâris ? Lui proposer la moitié des richesses d'Ilion ?... Mais non, non, Hector ne peut s'humilier si lâchement. Il lui faut combattre et mourir en guerrier.

Hector en est là de ses résolutions quand Achille accourt vers lui, menaçant et terrible, sa redoutable lance au poing. Le Troyen saute sur son char et fuit loin de la porte Scée, vers l'embouchure brumeuse du Xanthe. Achille le gagne de vitesse.

Les Dieux se penchent, palpitants. Jupiter s'attriste de ne pouvoir dérober Hector à son tragique destin, mais il n'ose rompre l'ordre fatal des choses, et Minerve, invisible, accompagne les deux ennemis dans leur course éperdue, afin d'exciter la colère dans leur âme.

Achille a rejoint Hector. Celui-ci, devant le péril imminent, se retourne et fait face.

— Ô fils de Pélée ! s'écrie-t-il en sautant sur le sol. Tu m'as vu fuir devant toi. Mais je ne fuirai plus. Je viens te donner la mort ou la recevoir. Cependant, faisons un pacte : que notre haine ne nous poursuive point au-delà du trépas. Je me contenterai de prendre ton armure et je rendrai ton cadavre aux Grecs, je le jure. Fais-moi un pareil serment.

— Jamais, fait Achille dont les dents grincent de rage. Tu as tué Patrocle, aucun serment ne peut m'unir à toi. Ta mort ou la mienne, voilà le seul traité auquel je souscrive. Rappelle tout ton courage, car Minerve va te tuer par ma main.

D'un élan irrésistible, il a bondi sur Hector, et son javelot siffle dans les airs, frôlant la tête du Troyen. Celui-ci riposte et son glaive frappe le bouclier d'Achille, mais il s'émousse.

Hector pâlit ; il est désarmé ; dans sa fuite, il a laissé tomber sa pique. Il assure son javelot dans sa main. Mais avant qu'il n'ait levé le bras pour le lancer, la pique d'Achille s'enfonce dans le défaut de son armure — cette armure conquise sur Patrocle — et lui perce la gorge de part en part. Hector tombe blessé à mort.

Il est là, étendu sur le sable. Ses yeux, qui déjà se voilent, regardent vaguement les blancs nuages qui, très haut, passent en troupeau dans l'azur ; le bruit du fleuve berce son âme désespérée.

— Ô ma patrie, fait-il dans un murmure, ô mes bien-aimés, il faut donc vous quitter.

Il halète ; Achille se penche vers lui en ricanant :

— Te voilà, beau vainqueur, dit-il. Quand tu tuais Patrocle, avais-tu songé que je vivais encore ? Les Grecs rendront à ta victime les honneurs du tombeau, tandis que toi tu seras la proie des chiens et des vautours.

— Par pitié, fait Hector d'une voix sifflante, accorde aux miens cette triste joie de m'ensevelir. Rends à Priam, à Andromaque, le corps d'Hector.

— Non, rugit Achille, pas de pitié pour toi, meurs désespéré. Les chiens des Grecs t'attendent. Oh ! je voudrais, pour te punir du mal que tu m'as fait, dévorer ton cœur palpitant.

— Impitoyable ! soupire Hector. Crains les Dieux vengeurs. J'en appelle à leur justice.

Sa tête s'immobilise. Un long gémissement s'exhale de ses lèvres, il est mort. Cependant, Achille penché sur lui lui parle avec rage comme s'il pouvait l'entendre encore :

— Je connais mon destin, dit-il, et j'y suis résigné. Patrocle est vengé, je suis content.

Les Grecs se sont assemblés avec des cris de joie délirante autour du cadavre de leur ennemi. Ils brûlent de donner immédiatement l'assaut à Ilion et leurs poings se tendent, pleins de menace, vers ces murailles noires de peuple. Car Troie tout entière a suivi avec angoisse la terrible lutte des deux guerriers, et les cris de douleur s'élèvent, véhéments, des remparts ; leurs échos traînent comme une longue plainte à travers la plaine.

On a lié par les pieds le cadavre d'Hector et on l'a attaché au char d'Achille. Celui-ci flatte de la main les chevaux qui l'ont si bien servi. Un instant, il contemple la cité en deuil.

— Sans doute, dit-il, la mort de son défenseur accable-t-elle tout ce peuple et un assaut nous le livrerait facilement dans son désarroi. Mais le corps de Patrocle me demande un tombeau. Rentrons au camp. Grecs, chantez tous l'hymne de gloire.

Les voix s'élèvent, triomphantes ; les phalanges s'ébranlent en ordre en acclamant le victorieux Achille qui, debout sur son char, dresse fièrement sa tête casquée d'airain.

Sur le sable, tressautant à chaque cahot, le corps du vaincu couvert de poussière et dégouttant de sang marque d'un sillon rouge la route du vainqueur.

Là-bas, dans la ville, Priam se tord les bras en poussant des cris lamentables, et sur les dalles d'une tour d'où elle a pu suivre la terrible fin du duel des deux champions grec et troyen, Andromaque, l'épouse bien-aimée d'Hector, presque aussi pâle que lui, gît sans connaissance.

CHANT VII

LES LARMES D'UN PÈRE

TANDIS que Troie retentit de lugubres cris, les funérailles de Patrocle s'apprêtent.

Achille a oublié sa furieuse joie pour se redonner tout entier à sa douleur.

— Pleurons Patrocle, a-t-il dit aux Grecs en regagnant ses tentes, et honorons ses restes de notre mieux.

Trois fois, chacun des rois monté sur son char de guerre a tourné autour du lit où gît le corps de Patrocle. Puis, toute l'armée a défilé tristement. Les Thessaliens partagent la peine de leur chef. Ils se sont rangés, immobiles, et font au mort une suprême garde d'honneur.

Achille a jeté le cadavre d'Hector, face contre terre près du lit funèbre, puis, pleurant et désolé, il pose sa tête sur le sein glacé de son ami.

— Patrocle, murmure-t-il. Tu vois, je t'ai vengé. Le corps de ton assassin est là, dans la fange. Douze jeunes Troyens attendent, dans les fers, l'heure d'être égorgés sur ton bûcher. Je le sens, ton ombre est satisfaite. Taureaux, moutons, chevreaux, sangliers gémissent sous le couteau pour servir au festin funèbre et déjà j'entends retentir la hache qui coupe le bois de ton bûcher.

Achille laisse longtemps couler ses larmes. Une sorte d'anéantissement s'empare de lui. Est-il éveillé ? rêve-t-il ? Il lui semble que ce cœur muet palpite de nouveau contre sa joue, que cette bouche immobile prononce son nom avec tendresse.

— Achille, Achille, dit-elle, la mort doit nous réunir comme la vie. Que nos cendres ne soient point séparées ; et que cette urne d'or que te donna ta mère contienne, mêlés, nos ossements.

— Je te le promets, fait solennellement Achille qui se redresse, étonné et ému. Est-ce donc l'ombre fraternelle qui a parlé ? ou mon cœur ? Mais qu'importe. Oui, nous reposerons ensemble et nos cendres seront unies.

Le bûcher a été élevé par les soins de l'Atride au bord de la mer. Le corps de Patrocle, sur son lit funèbre, y a été déposé couvert des cheveux qu'Achille et les Thessaliens se sont coupés pour honorer le mort. Quatre chevaux ont été immolés et placés près du corps. Celui-ci est enduit de miel, de parfums, de la graisse des animaux égorgés en sacrifice et le sang des douze jeunes Troyens ruisselle sur le lit.

Achille, une coupe à la main, offre des libations à Zéphyr et à Borée[1] et les conjure de venir allumer le feu qui doit consumer son cher Patrocle. Aussitôt, le vent souffle, la flamme pétille, et, dans l'ombre du soir, flamboie le brasier du bûcher.

Toute la nuit, Achille, une coupe à la main, puisant du vin au fond d'une urne d'or, l'a répandu à

1. Respectivement le vent d'Ouest et le vent du Nord.

flots sur le bois qui grésille, toute la nuit, il a invoqué en gémissant l'ombre de Patrocle.

Au matin, quand le soleil a doré de ses rayons la surface des eaux, accablé de douleur et de fatigue, il s'est laissé choir sur le sol, et pendant une heure, le sommeil a versé sur lui ses tranquilles pavots. Puis les chefs grecs l'ont réveillé ; à la tête de l'armée, ils viennent eux aussi répandre le vin sur le bûcher ; ils recueillent les ossements que la flamme a blanchis, ils les enferment dans une urne d'or couverte d'un voile précieux et les déposent sous la tente d'Achille.

Tandis que l'on creuse les fondements du tombeau, tout autour du bûcher, les jeux funèbres s'organisent.

Achille n'y prend pas part. C'est lui qui distribue les prix aux vainqueurs. Tour à tour la course de chars, la lutte au ceste, la course à pied, le saut, le jet du disque et du javelot voient s'affronter les plus fameux des Grecs. Des esclaves, des chevaux fougueux, des talents d'or, des vases précieux, des armes sont la récompense des plus adroits. Agamemnon lui-même ne craint pas de se mesurer contre Mérion pour faire valoir son habileté d'archer. Achille préside à ces jeux avec calme, réfrénant son chagrin.

Mais dès qu'il a pris congé des Grecs, dès qu'il se retrouve seul dans sa tente, alors sa douleur éclate de nouveau, en sanglots et en cris. Le souvenir de son ami fait saigner son cœur. Sans trouver le sommeil, il se roule sur sa couche. Les travaux, les plaisirs, les combats partagés avec son cher Patrocle depuis l'enfance font, de sa mémoire, une source inépuisable de regrets.

— Oh ! se dit-il en pressant son front avec égarement, comment assouvir assez ma haine sur l'assassin ?

Et il se lève d'un bond ; il attelle ses chevaux à son char derrière lequel il attache le cadavre d'Hector.

Au galop, il tourne par trois fois autour du tombeau de Patrocle, le cœur étreint du désir insensé de se venger sur ce cadavre que souille la fange.

Du haut de l'Olympe, les Dieux regardent et s'attristent. Le courage d'Hector ne méritait pas un aussi ignominieux traitement. Et Jupiter vient verser au cœur du vieux Priam une puissante résolution.

— Mes fils, dit le vieux roi levant tout à coup sa tête blanche et essuyant ses yeux d'un geste farouche, ne pleurons pas plus longtemps ; nos larmes sont vaines pour apporter la paix à l'ombre errante d'Hector. Je veux courir aux vaisseaux des Grecs, à la tente d'Achille, je veux racheter le corps de mon fils. Seule, la fumée montant de son bûcher soulagera mon cœur, car du séjour des ombres, mon cher Hector pourra alors franchir le seuil paisible. Non, Hécube, ne m'arrête point dans mon projet. Que craindrais-je ? Que le glaive d'Achille ne s'enfonce dans mon sein ? Ah ! je souhaiterais en effet que dans sa rage il ne respectât pas ma vieillesse si je pouvais, en expirant, serrer dans mes bras le corps de mon fils.

C'est en vain qu'Hécube et ses enfants s'efforcent de retenir le vieillard. Une fièvre sacrée l'a saisi. Une volonté toute-puissante soutient et guide la sienne. Il fait ouvrir les coffres de son trésor et en tire ses plus grandes richesses : des tissus merveilleux, des vases et des bijoux d'or ; il les fait charger sur son char en gourmandant ses fils et ses serviteurs qui ne vont pas assez vite à son gré.

— Mon père, fait timidement Déïphobe, permettez-nous de vous accompagner ou laissez-moi au moins vous servir de héraut.

— Non, dit Priam avec rudesse, je veux être seul. Ne m'importunez pas. Qu'on écarte le peuple. Dieux ! je voudrais déjà être devant Achille.

Puis tendant vers le ciel ses mains suppliantes :

— Ô Jupiter, dit-il, toi qui commandes à l'univers, daigne en ma faveur émouvoir la pitié d'Achille. Pour rassurer, sur le succès de ma mission, cette mère qui tremble et pleure, permets que ton aigle, le roi des airs, l'interprète fidèle de tes volontés, se montre à ma droite, à cette heure où je te prie...

Priam n'a pas achevé ces mots qu'un grand froufrou d'ailes se fait entendre et, devant les yeux émerveillés des assistants, un aigle aux larges ailes descend soudain du haut des cieux et vole au-dessus de la ville à la droite du monarque. Hécube pousse un cri d'espoir.

— Cher époux, dit-elle en aidant le vieux roi à monter sur son char, je suis sans crainte désormais. Jupiter a parlé. Pars, pars vite !

Les chevaux de Priam aiguillonnés entraînent le char dans un galop vertigineux.

— Plus vite ! plus vite ! fait Priam dont la pensée devance encore cette course impétueuse.

Bientôt le camp des Grecs s'offre à sa vue. Mais comment y pénétrera-t-il sans être vingt fois arrêté ? Qui le conduira à la tente d'Achille ? Jupiter n'abandonne point ce père désolé. Son messager Mercure a pris les traits d'un des serviteurs du fils de Pélée. Il surgit tout à coup devant l'attelage de Priam.

— Rassure-toi, dit-il au vieillard qui s'effraie, qui que tu cherches en ce camp, je puis te guider. Mon père a des cheveux blancs comme les tiens, c'est te dire avec quelle confiance tu peux me suivre.

Priam soupire avec soulagement et quand son guide bénévole lui a assuré qu'il est Thessalien, que le corps d'Hector repose sous la tente d'Achille, que ni les chiens ni les vautours n'ont encore outragé ses restes, alors le cœur de Priam se desserre et exhale un hymne de gratitude vers Jupiter qui protège les pères affligés.

Un sommeil opportun, versé par le Dieu, s'est

emparé des gardes de la porte et aucun d'eux ne tente d'arrêter le char de Priam. La nuit, d'ailleurs, est descendue. Adroitement, Mercure guide le roi de Troie entre les groupes assoupis des Grecs. On parvient enfin à la tente d'Achille.

Le héros était assis tristement au milieu du cercle de ses guerriers, et ses yeux se fixaient sans rien voir sur ce seuil où jamais plus ne passerait Patrocle.

Tout à coup, il tressaille : ce vieillard qui entre en chancelant, qui se jette à ses pieds, les embrasse, les arrose de larmes, quel est-il ? Étonné, Achille se redresse ; il veut repousser ce suppliant dont maintenant il reconnaît le visage. Mais Priam ne se laisse pas écarter. Il s'accroche aux genoux du vainqueur de son fils.

— Achille, Achille, fait-il d'une voix désespérée et si douloureuse qu'elle fait battre de pitié le cœur des guerriers thessaliens, héros chéri des Dieux, souviens-toi de ton père qui, vieux comme moi, est parvenu comme moi aux portes du tombeau. Peut-être qu'en ce moment des ennemis le menacent. Peut-être cherche-t-il en vain autour de lui le bras qui pourrait le défendre. Mais du moins, il sait que tu vis et cette douce pensée le console dans ses soucis. Chaque jour, il espère te revoir. Mais moi je ne reverrai plus mon enfant. De tous les fils que la guerre m'a pris, celui-là, Hector, mon Hector, était le plus vaillant et le plus tendre. Achille, tu me l'as tué. Ah ! rends-moi son corps. Pour cette froide dépouille, je viens mettre à tes pieds mes trésors. Aie pitié de ma vieillesse et respecte les Dieux. Achille, ne vois-tu pas que j'en suis réduit à baiser la main qui a tué mon enfant.

Sa voix s'éteint dans les sanglots, mais Priam n'est pas seul à pleurer, les Grecs autour de lui gémissent sur cette douleur, et Achille, « l'inexorable » Achille, le visage dans les mains, verse un torrent de larmes.

LES LARMES D'UN PÈRE

Il s'accroche aux genoux du vainqueur. (Page 108.)

Ce qu'il pleure, c'est son père qu'il ne reverra plus et qui s'en ira vers la mort sans un bras chéri pour l'aider à descendre la pente fatale. À travers Priam, le monarque asiatique, c'est Pélée, le vieux Thessalien, qui pleure, pleure.

— Relève-toi, Priam, fait enfin Achille en essuyant ses yeux et en forçant le vieillard à prendre place sur un siège à côté de lui, les Dieux ont formé de douleurs et de peines le cercle de nos jours. Mon père connaîtra comme toi la douleur de voir partir avant lui le soutien de sa vieillesse. Hélas ! Je suis le meurtrier de tes fils, un de tes fils m'enlèvera à mon père. Que pouvons-nous ? Nous ne saurions mettre nos mains devant le destin cruel. Obéissons aux Dieux. Cependant, je ne resterai pas sourd à ta plainte. Ce corps que tu es venu chercher, — par quel miracle as-tu pu passer entre nos sentinelles ? — je te le donne. Alcime, ajoute Achille en se tournant vers un de ses officiers, commande aux esclaves de laver soigneusement le cadavre d'Hector, de faire couler sur lui de l'huile et des parfums, de le revêtir de la plus belle de mes tuniques de pourpre. Puis, placé sur un lit, qu'il soit porté dans le char du roi d'Ilion. Priam, reprend-il en déposant devant le vieillard une coupe de vin et des aliments, répare tes forces, il le faut. Tu dormiras ensuite quelques heures sur un lit, sous ma tente. Je t'éveillerai avant l'aube pour que tu puisses quitter le camp et regagner ta ville en toute sûreté. Si l'Atride était instruit de ta présence, peut-être voudrait-il te reprendre ce corps que je rends à ta douleur. Priam, dis-moi, combien de jours consacreras-tu aux funérailles d'Hector ? Tant que tu seras occupé à ce triste devoir, j'empêcherai les Grecs d'attaquer la ville.

Priam presse ses lèvres sur les mains d'Achille.

— Divin héros, dit-il en balbutiant de joie. Oh !

trois fois heureux est ton père d'avoir un fils tel que toi. Mais aussi que je le plains de te sentir la proie des hasards funestes des combats, que je le plains de se dire à chaque heure : « Mon Achille, es-tu déjà remonté auprès de tes frères, les Immortels ? » Puisque ta générosité m'accorde de pleurer en paix mon fils, je puis te dire que dans douze jours, les Troyens seront prêts pour de nouveaux combats. Est-ce trop te demander ?

— Non, dit Achille en pressant doucement la main du vieillard, je t'accorde le temps qu'exige ta douleur.

Et tandis que Priam, laissant aller sa tête sur les coussins, s'endort accablé de tant d'émotions et de fatigues, Achille va vers l'urne d'or où repose tout ce qui reste sur terre de son ami fidèle et, pieusement, joint ses mains sur le froid métal.

— Ô Patrocle, murmure-t-il, pardonne si, parmi les morts, tu apprends que j'ai rendu le corps d'Hector à son père et que ma colère a été vaincue par des larmes…

Quelques heures plus tard le char du roi troyen franchissait, au milieu des pleurs et des cris de tout son peuple, l'antique porte Scée, et sur tout ce présent en deuil, sur tout cet avenir de ruines et de morts, l'Aurore posait ses doigts de rose [1].

1. Pour la fin de la guerre de Troie, voir la Rubrique « Pour en savoir plus… », dans le cahier-jeux.

ENTRACTE

OÙ EST MON ROYAUME ?

Reliez les noms des guerriers grecs à la ville ou à la région dont ils sont les rois.

Achille
Agamemnon
Ajax
Ajax
Diomède
Ménélas
Ménesthée
Nestor
Ulysse

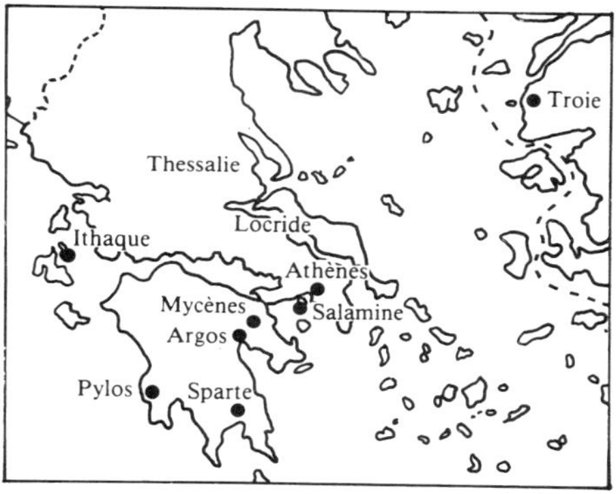

Solution pp. 17 à 21.

LA GLOIRE DE MON PÈRE

Dans l'épopée, un héros doit toujours se montrer digne de ses origines. Très souvent son propre nom laisse place à celui de son père, car avant d'être reconnu pour lui-même, il est d'abord le « fils de... ».

Voici une liste de pères grecs et troyens, à vous de placer les fils en face de chaque père (attention ! certains ont plusieurs enfants).

Achille, Agamemnon, Ajax, Ajax, Diomède, Hector, Ménélas, Pâris, Pisistrate, Télémaque, Ulysse

Pères	Fils
Atrée (2 fils)	....
	....
Laërte	....
Nestor	....
Oïlée	....
Pélée	....
Priam (2 fils)	....
	....
Télamon	....
Tydée	....
Ulysse	....

Solution pp. 7, 9, 11, 13, 21, 33, 113, 122, 130.

FAÇON DE PARLER

Un certain nombre d'expressions et de mots de la langue française peuvent être mis en relation avec des épisodes de l'*Iliade* et de l'*Odyssée*.

Placez en face de chacun d'eux le numéro de la définition correspondante.

homérique	A		1) un appareil orthopédique
écouter le chant des sirènes	B		2) une ruse pour venir à bout d'un ennemi
un apollon	C		3) prédire en vain l'avenir
jouer les cassandre	D		4) aller de mal en pis
une odyssée	E		5) un présage
une pénélope	F		6) un homme de petite taille ou de peu d'importance
se retirer sous sa tente	G		7) un cocher
un talon d'Achille	H		8) un guide attentif et sage
tomber de Charybde en Scylla	I		9) abandonner une cause par dépit
un myrmidon	J		10) le point vulnérable de quelqu'un
un mentor	K		11) un sujet de division
une pomme de discorde	L		12) une femme vertueuse
un cheval de Troie	M		13) fabuleux, héroï-comique, acharné
une voix de sirène	N		14) céder à une offre séduisante
un automédon	O		15) un beau jeune homme
un augure	P		16) une façon de parler captivante
une minerve	Q		17) un voyage aventureux

À CHACUN SON CAMP

La guerre fait rage sur terre mais aussi dans l'Olympe. Les adversaires sont face à face ; dieux et héros, pêle-mêle, se préparent au combat.

À vous de replacer chacun dans son camp, en distinguant mortels et immortels.

Achille, Agamemnon, Apollon, Diomède, Énée, Hector, Junon, Jupiter, Mars, Ménélas, Minerve, Nestor, Pâris, Patrocle, Priam, Ulysse, Vénus, Vulcain.

GRECS

TROYENS

Solution pp. 7 à 15, 21, 33, 90.

EN DIRECT DU CHAMP DE BATAILLE

Depuis bientôt dix ans, notre correspondant de guerre du Service d'information et de relations publiques des armées thessaliennes (S.I.R.P.A.T.), nous tient régulièrement informés du siège de Troie, à partir du quartier général d'Achille.

Aujourd'hui, les événements se précipitent. Nous relatons ici les dernières nouvelles du front et toutes les questions brûlantes de l'actualité.

Deux rois en colère

Notre camp est en émoi : pressé par le devin Calchas, Agamemnon doit rendre sa captive Chryséis à son père Chrysès, prêtre d'Apollon. L'Atride, blessé dans son orgueil de chef, n'accepte de faire ce sacrifice que contre compensation. Le roi de Thessalie, bouillant de colère, va bouder sous sa tente, après avoir affirmé haut et fort qu'il ne participerait plus aux combats, ni lui ni ses Myrmidons.

Pourquoi une si grave décision ?

Mystérieuse disparition sur le champ de bataille

Un étonnant duel au sommet vient d'avoir lieu entre Ménélas et Pâris ; Achille s'en amuse beaucoup. En effet, on a vu le roi de Lacédémone saisir le ravisseur de son épouse par le panache de son casque. Stupéfait, il n'a pu garder que ce trophée dérisoire dans ses mains. Son adversaire a disparu : on le cherche encore.

Où est passé Pâris ?

Conciliabule sous une tente

Aujourd'hui le carnage dépasse en horreur celui des jours précédents. Nos troupes sont en déroute. Ulysse, Ajax et Phénix se sont rendus sous la tente d'Achille et l'ont trouvé jouant de la lyre. Ils viennent d'en sortir en soupirant, la mine déconfite.

Que se sont-ils dit ?

L'ennemi est dans le camp

Tous nos efforts ont été vains devant l'obstination du Troyen à franchir notre muraille. Quel tumulte ! Malgré leurs blessures, nos plus vaillants ont essayé de sauver nos vaisseaux. Patrocle a convaincu notre roi de le laisser aller au combat, ce qu'il a accepté avec beaucoup de réticence et de crainte pour son ami très cher. Les Troyens, glacés de frayeur, se replient rapidement.

Pourquoi un tel revirement de situation ?

Une vengeance terrible

Courage et détermination n'ont pas empêché l'ami très cher de notre roi d'être anéanti par une main invisible et achevé par Hector. Une lutte terrible permet à nos troupes de rapatrier le corps du héros. Fou de douleur, l'invincible Achille entre enfin dans le combat et l'hécatombe est sans merci. Après avoir rejoint Hector, il le blesse à mort au travers de l'armure qui fut la sienne et refuse la supplique du mourant.

Qu'a-t-il fait du cadavre d'Hector ?

Une arme fabuleuse

Déjà la bataille est presque oubliée, on ne parle plus que de lui, de ce chef-d'œuvre qui représente toutes les merveilles du monde et où resplendissent les dieux eux-mêmes : le nouveau bouclier d'Achille ! D'où provient-il ? Tous se le demandent.

Dernières nouvelles : les larmes d'un père

Notre étonnement est à son comble : Priam en personne, le roi d'Ilion, chancelant, la voix étouffée par les sanglots, s'accroche aux genoux du roi de Thessalie. Il vient demander une sépulture digne de son fils Hector.

Que va décider notre roi ?

Solution : Iliade, *Chants I, II, III, V, VI, VII.*

LE

TABLEAU D'HONNEUR DE LA GUERRE

OFFICIERS, SOUS-OFFICIERS ET SOLDATS CITÉS A L'ORDRE DE L'ARMÉE
NOMMÉS OU PROMUS DANS LA LÉGION D'HONNEUR
OU DÉCORÉS DE LA MÉDAILLE MILITAIRE

BONHOMME, ANDRÉ (cit.),
sous-lieutenant au 45e d'art.

Officier brave et énergique. Le 16 avril 1917, a pris le commandement de sa batterie alors que le capitaine venait d'être mortellement frappé et au moment où elle était soumise à un bombardement violent qui lui infligeait des pertes sévères, en a assuré la progression avec décision et énergie à travers un terrain des plus difficiles, faisant preuve ainsi des plus remarquables qualités de ténacité, de courage et de sang-froid. Déjà cité à l'ordre.

Comme vous pouvez le voir dans cet exemple de la Première Guerre mondiale, on établit souvent un « Tableau d'honneur ».

Après le siège de Troie, on a retrouvé quelques citations à l'ordre des armées de chaque camp. Mais les flammes ont endommagé les parchemins. À vous de retrouver dans la liste ci-dessous les mots manquants (certains peuvent être utilisés plusieurs fois) :

Achille	**Pandarus**
Agamemnon	**Pâris**
Ajax	**Thraces**
Énée	**Ulysse**
hécatombe	**vaisseaux**

*Si vous avez des doutes, relisez l'*Iliade*, en particulier les pages : 43, 67, 75, 100 ; 33, 62, 65, 68, 73, 75.*

À vous également de décerner d'autres citations.

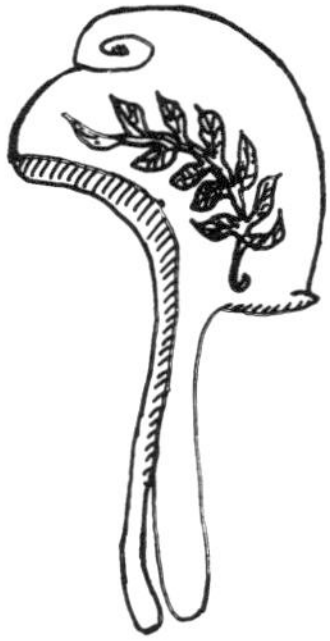

******DIOMÈDE******

******HECTOR******

A démontré ses exceptionnelles qualités de chef, sachant électriser ses troupes et surexciter leur courage.

Il défie en combat singulier le plus brave des chefs ennemis. Malgré la blessure que lui inflige ......, il poursuit le combat jusqu'à la nuit.

Il venge ses frères morts en faisant une .... dans les rangs ennemis, allant jusqu'à blesser leur chef suprême, ... Dédaigneux de la mort qui le frôle, il pénètre dans leur camp pour incendier leurs ....

A succombé au front de ses troupes sous les coups du bouillant .... A mérité de la Patrie sa reconnaissance éternelle.

S'est distingué par son mépris du danger et de la douleur, par sa bravoure et son audace, dans toutes les missions qui lui ont été confiées et pour lesquelles il était toujours volontaire.

Blessé à l'épaule par une flèche de ......, il enfonce son javelot dans le visage de celui-ci et blesse le célèbre .... Couvert de sang et debout sur son char, il refuse la défaite et continue ses prouesses.

Volontaire pour allier son courage à la sagesse d'..... lors d'une périlleuse reconnaissance dans les lignes adverses, il égorge les ..... et leur roi, leur ravit un butin précieux et sait échapper à l'ennemi furieux qui le poursuit.

Cloué au sol par un trait de ...., il dédaigne la douleur, arrache la flèche et reprend peu après la lutte pour sauver des flammes les .... des siens.

PRÉDICTIONS INÉDITES DE CHALCAS

*Le célèbre devin, qui a entrevu tous les épisodes de l'*Iliade *et de l'*Odyssée *avant leur déroulement réel, a fait part à certains de ses visions divines et énigmatiques. Des indiscrétions nous permettent de vous en délivrer quelques-unes. À vous de comprendre leur signification et de découvrir les noms manquants (pour chaque réponse, un tiret correspond à une lettre).*

A) La perte de son royaume est voulue par Jupiter. Mais par un acte courageux, il préservera l'honneur des siens. _ _ _ _ _ _ _

B) Le fils aîné succombera avant son frère qui est le vrai responsable de ce malheur. Le corps souillé de ce héros trouvera pourtant une sépulture digne de son rang. _ _ _ _ _ _ _ _

C) Il a préféré la plus belle ; ce choix a conduit à la perte de sa patrie. _ _ _ _ _ _ _

D) Elle croit ses murailles invincibles, grâce à Mars, son protecteur. Mais Minerve inspirera les plus rusés de ses ennemis pour les détruire : le roi des dieux l'a promis. _ _ _ _ _ _ _

E) Naufragé, épuisé et seul, couvert d'écume et de sable, il trouvera le repos sur un rivage hospitalier et arrivera bientôt à bon port. _ _ _ _ _ _ _ _

F) Son orgueil le privera du meilleur de ses grands guerriers : leur funeste discorde causera l'hécatombe des plus vaillants. _ _ _ _ _ _ _ _ _ _ _ _ _ _

G) Le plus offensé affrontera sans résultat l'offenseur. Il ne pourra venger son honneur. _ _ _ _ _ _ _ _ _ _

H) Il retrouvera toutes ses forces et son ardeur au combat ; il revêtira l'armure offerte par sa divine mère. Son destin sera bref. _ _ _ _ _ _ _ _ _ _

I) Accablé de tristesse depuis la perte de son fils, il s'enfermera dans sa maison des champs et partagera les humbles travaux de ses esclaves. _ _ _ _ _ _ _ _

J) Sage reine écoutée de son époux, elle tissera le trousseau de sa fille et en reconnaîtra une pièce sur le dos d'un inconnu. ______

K) Elle reconnaîtra son maître aux stigmates d'une ancienne blessure de chasse. __________

Les propos de Chalcas deviennent de plus en plus complexes. Il ne s'intéresse dorénavant qu'aux femmes célèbres de l'épopée. Desquelles veut-il parler ici ?

1) Elle ne pourra même pas trouver aide auprès de son beau-père (I) parce que (K) l'en dissuadera. Elle demeurera d'une fidélité exemplaire en l'absence de (E). __________

2) Quoi qu'il arrive à (C) ou (G), elle restera la plus belle épouse et trouvera toujours un foyer et une patrie dont elle jouira sans honte ni retenue. ________

3) Épouse de (A), reine de (D), mère de (B), inconsolable, elle verra périr sa nombreuse progéniture. ________

4) Le cri de ses compagnes éveillera (E) de son repos. Ses bras blancs et sa beauté le charmeront. Soucieuse de sa réputation, elle l'enverra auprès de sa mère (J) sans l'accompagner elle-même. __________

5) Amoureuse et aimée de (H), elle sera un moment éloignée de lui par (F), mais ils pourront goûter un jour la joie des retrouvailles. _________

6) Ses larmes et ses supplications seront vaines pour empêcher son époux (B) d'aller à la mort. Déchirants seront leurs adieux. _____________

7) Fille de (G), elle épousera dans l'allégresse le fils du glorieux vainqueur de (B). Les noces seront célébrées dans le faste des richesses ramenées de (D). __________

Vous n'avez pas trouvé ? Courage ! il faut tout relire...

« HEUREUX QUI COMME ULYSSE

Représenter le voyage d'Ulysse n'est pas facile, toutes les îles de la Méditerranée revendiquent une escale... Les descriptions d'Homère sont plus mythiques que réalistes. Nous vous proposons donc une succession d'étapes selon leur situation géographique la plus couramment admise.

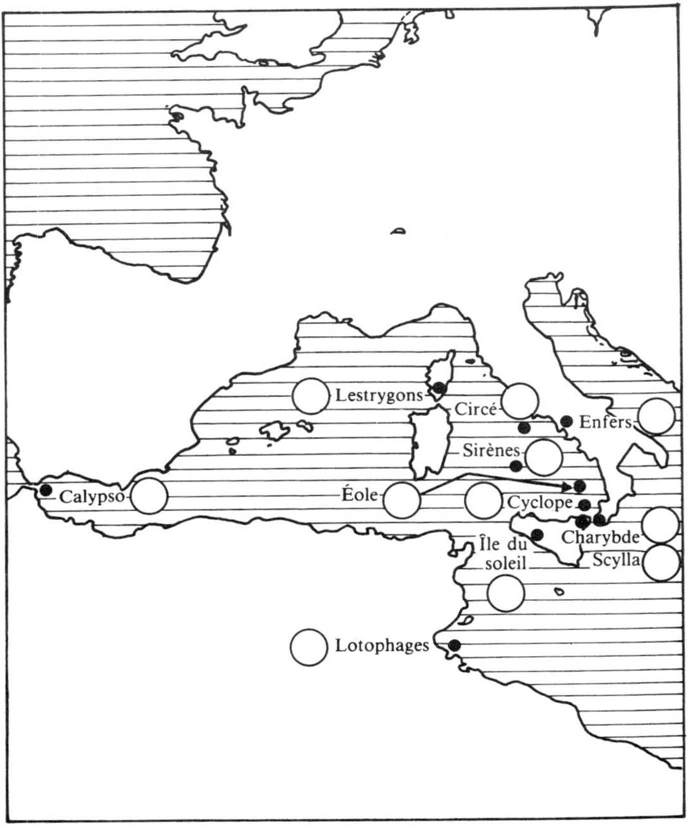

A FAIT UN BEAU VOYAGE… »

À vous de reconstituer le voyage dans l'ordre chronologique en numérotant de 1 à 15 les escales d'Ulysse, sachant que la première est Troie et la dernière, vingt ans après, Ithaque (attention ! il franchit deux fois le détroit de Messine).

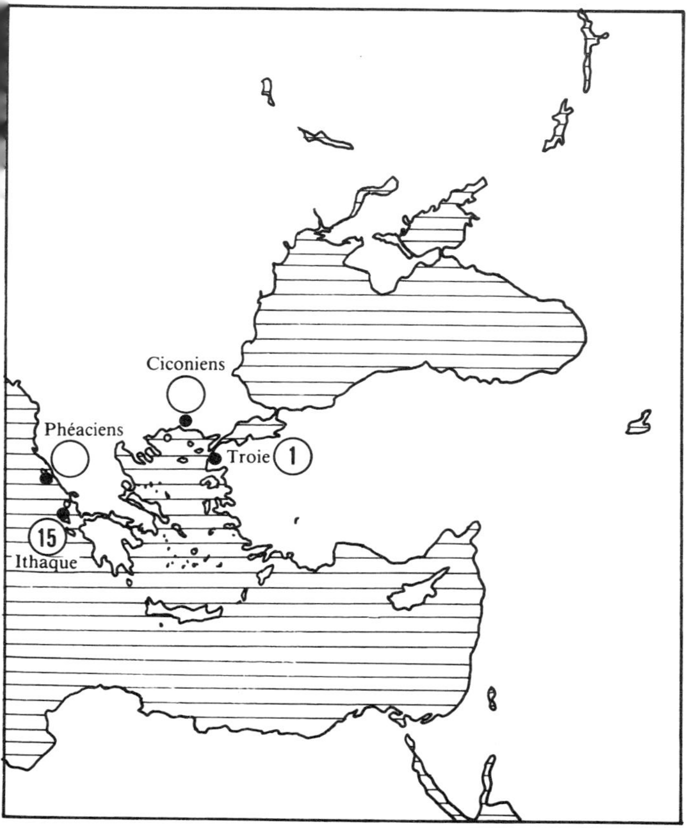

Solution : Odyssée, *Chants III, IV, V.*

CRYPTO JEUX

Les dieux cachés

Pour apporter leur aide aux mortels qu'ils protègent, les dieux ont le pouvoir de se métamorphoser à leur gré.

À vous de réunir chaque dieu au(x) mortel(s) qu'il rencontre en passant par la métamorphose correspondante.

DIEUX	MÉTAMORPHOSES	MORTELS
	• bolide aux reflets d'or et de feu •	• Pandarus
JUNON •	• Mentor •	• Priam
	• jeune homme d'une beauté surhumaine •	
MINERVE •	• chef hellène •	• Télémaque
	• jeune berger •	• Ulysse
MERCURE •	• homme à la fière stature •	
	• serviteur d'Achille •	• troupes grecques

Solution pp. 29, 129, 176, 35, 192, 117, 107.

Décoder, c'est prédire

Les dieux interviennent dans la guerre, parfois directement, mais aussi sous forme d'oracles que devins et augures transmettent aux mortels.

Les messages divins sont codés, chacun de manière différente. Pour vous aider, un mot est traduit. À vous de découvrir le code de chaque message et de faire la traduction.

1er oracle : le devin Chalcas s'adresse aux Grecs sous les murs de Troie et doit leur transmettre le message d'**APOLLON** (= **XMLIILK**) :

"XMLIILK KB ZBPPBOX AB KLRP COXMMBO NRB ILOPNRB KLRP XROLKP OBKSLVB X ZEOVPBP PX CFIIB, PXKP OXKZLK."

Solution p. 12.

2e oracle : Halitherse, un augure fameux, s'adresse à **ULYSSE** (= **DMZFFT**) :

"ED TFFDPTGXF DKT MJKRDT FTGPT U'PKSJGEDKTF; ED GTCPTKUGXF FTDM."

Solution p. 125.

3e oracle : Thétis a dit à **ACHILLE** (= ) :

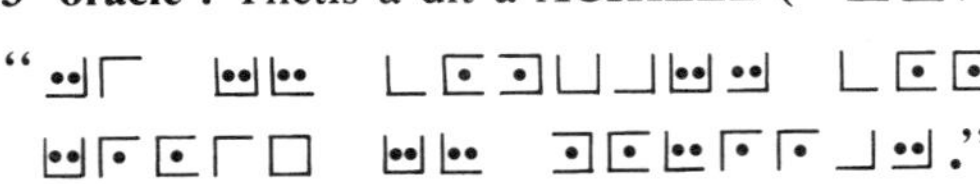 *Solution p. 56.*

« MON NOM EST PERSONNE »

Testez votre astuce

Vous êtes le héros d'une nouvelle odyssée ; comme votre illustre prédécesseur, vous affrontez des situations périlleuses qui mettent à l'épreuve votre ingéniosité et votre sens pratique. Pour réussir dans votre entreprise, vous devez choisir entre les trois solutions proposées celle qu'Ulysse a déjà appliquée avec succès. Selon vos réponses, vous pourrez ainsi mesurer vos talents personnels : que la ruse soit avec vous !

(Attention ! les étapes de votre voyage ne sont pas nécessairement dans l'ordre proposé par le récit homérique.)

I — Sur une petite île où vous venez d'aborder, vous découvrez une grotte aménagée en bergerie. Son propriétaire, un géant doté d'un œil unique, vous y enferme avec douze de vos compagnons. Affamé, il se met à dévorer deux d'entre eux, puis encore deux le lendemain pour son petit déjeuner.

A — Vous projetez d'attaquer le monstre en vous jetant sur lui avec les rescapés.

B — Vous vous cachez et vous attendez que le géant attrape une indigestion en mangeant le reste de vos amis.

C — Vous offrez au terrifiant berger une outre de vin en espérant l'endormir et vous préparez un pieu pour lui crever l'œil.

II — Vous avez réussi à neutraliser votre redoutable adversaire ; que faire à présent pour sortir de la caverne dont il a obstrué l'entrée par un énorme rocher ?

A — Vous espérez que le berger finira par ouvrir lui-même la porte pour laisser paître son troupeau bêlant de faim et vous vous accrochez sous le ventre d'un bélier.

B — Vous enfumez la grotte pour obliger le géant à sortir.

C — Vous essayez de creuser une galerie sous le rocher.

III — Un peuple de végétariens sympathiques vous invite avec vos compagnons à partager sa nourriture : une étrange plante fleurie qui semble faire oublier tous les soucis de l'existence.

A — Vous vous jetez sur le plat en espérant connaître vous aussi l'euphorie générale.

B — Vous refusez poliment cette drogue et vous entraînez de force vos amis à quitter le pays.

C — Vous observez vos voisins de table avant de goûter vous-même à la plante magique.

IV — Un terrible naufrage vous a jeté sur un rivage inconnu ; épuisé, vous vous endormez, complètement nu, caché par le feuillage de deux oliviers entrelacés. Réveillé en sursaut par des cris aigus, vous apercevez une splendide jeune fille.

A — Vous pensez que c'est une déesse descendue de l'Olympe pour vous aider et vous décidez de la suivre, émerveillé.

B — Vous pensez que c'est une magicienne déguisée pour vous jeter un sort et vous fuyez.

C — Vous pensez que la décence vous interdit de vous montrer et vous ne bougez pas.

V — Vous devez longer les récifs où vivent deux monstres mi-femme mi-oiseau réputées pour leurs chants à la mélodie irrésistible : on raconte qu'elles attirent ainsi les marins pour les dévorer une fois que leur vaisseau a fait naufrage.

A — Vous vous moquez de ces sornettes ridicules et vous poursuivez votre navigation.

B — Vous mourez d'envie d'entendre ces chants : vous demandez à vos compagnons de se boucher les oreilles avec de la cire et de vous attacher solidement au mât de votre bateau.

C — Vous décidez d'aller sur place et de capturer avec votre filet de pêche ces oiseaux fabuleux pour les vendre à un cirque ou à un muséum d'histoire naturelle.

VI — Vous débarquez avec vos compagnons sur une mystérieuse île verdoyante. Malgré vos conseils de prudence, vos amis disparaissent au cours d'une mission de reconnaissance. Un jeune inconnu vous apprend qu'une magicienne d'une beauté divine les a transformés en pourceaux ; elle surgit devant vous et vous invite dans son somptueux palais.

A — Vous fuyez vers votre bateau sans vous retourner.

B — Vous succombez aux charmes de la magicienne qui vous propose de partager un délicieux festin de brochettes de porc grillé.

C — Vous serrez nerveusement sur votre poitrine la plante offerte par l'inconnu avant de boire la coupe tendue par votre hôte.

	I	**II**	**III**	**IV**	**V**	**VI**
A —	5	10	0	10	0	5
B —	0	5	10	0	10	0
C —	10	0	5	5	5	10
Solution	*p. 167*	*p. 170*	*p. 165*	*p. 154*	*p. 184*	*p. 174*

Vous avez de 0 à 25 :

Vous possédez peut-être la force d'Hercule, mais vous n'êtes guère plus astucieux que le Cyclope Polyphème pour qui Ulysse est « personne ».

Vous avez de 30 à 45 :

Vous possédez la fougue de Télémaque, mais vous manquez encore de l'expérience du sage Mentor.

Vous avez de 50 à 60 :

Bravo ! vous êtes (presque) aussi rusé qu'Ulysse guidé par les conseils avisés de Minerve. Le royaume d'Ithaque vous appartient...

À ITHAQUE

Depuis des années, Pénélope tisse une broderie pour Minerve. La déesse, pendant ce temps, tisse, elle, le destin d'Ulysse et de Télémaque.

1) Voici, comme les fils emmêlés d'une tapisserie, quelques moments de la vie à Ithaque avant le retour du roi. À vous de retrouver la vraie trame de l'histoire.

A) Minerve, déesse de l'intelligence, protectrice du sage Ulysse, obtient de Jupiter de se rendre à Ithaque pour consoler ceux qui pleurent et réunir ceux qui sont séparés.

B) Tous s'étonnent de sa majesté et de sa gravité : ils croient voir enfin le fils d'Ulysse pour la première fois.

C) Le jeune prince quitte aussitôt Ithaque.

D) Télémaque charge alors ses hérauts de rassembler dès le lendemain les citoyens d'Ithaque sur la place publique.

E) Parviendra-t-il à retrouver les traces de son père ?

F) Pendant ce temps, avec la complicité de sa nourrice Euryclée, il prépare son départ qu'il cache à sa mère.

G) Pour sauver son royaume, elle lui conseille de se montrer énergique : il doit convoquer le peuple, renvoyer les prétendants et partir chercher des nouvelles de son père.

H) Elle se tient au seuil du palais et, touchée de la tristesse de Télémaque, elle feint de s'étonner de la fête qui y est célébrée.

I) Le jour fixé, il demande à son peuple de l'aider à chasser les usurpateurs et à retrouver le trône de son père.

J) Le jeune homme lui explique que depuis quatre ans une troupe de prétendants à la main de sa mère s'y sont installés et dilapident l'héritage en festins.

Solution : Odyssée, *Chant I.*

2) Le roi est de retour. Pour comprendre la suite des événements vous devez retrouver les noms des personnages de ce récit. Pour cela, il vous faut démêler les fils enchevêtrés en suivant soigneusement chacun d'eux (attention ! le même nom peut être utilisé plusieurs fois).

Dès qu'......... retrouve sa patrie, la fille de .... le métamorphose en un vieux mendiant et lui conseille de se rendre chez .... où elle va conduire ....

En l'absence du fidèle serviteur, ... rend .... momentanément reconnaissable ; le père et le fils se laissent aller à l'ivresse des retrouvailles et mettent au point un plan de retour au palais.

Là, pendant un festin, ... impose l'épreuve de l'arc à ses prétendants : tous échouent, même les plus acharnés, ... et ....

......, sous les traits d'un mendiant, obtient de ...... la permission de tenter sa chance, gagne l'épreuve et fait une hécatombe des usurpateurs.

Le peuple est en deuil. Son courroux est apaisé par le roi à qui .... a rendu son véritable aspect.

Sous le regard des dieux souriants, ... serre dans ses bras .... anéantie de bonheur.

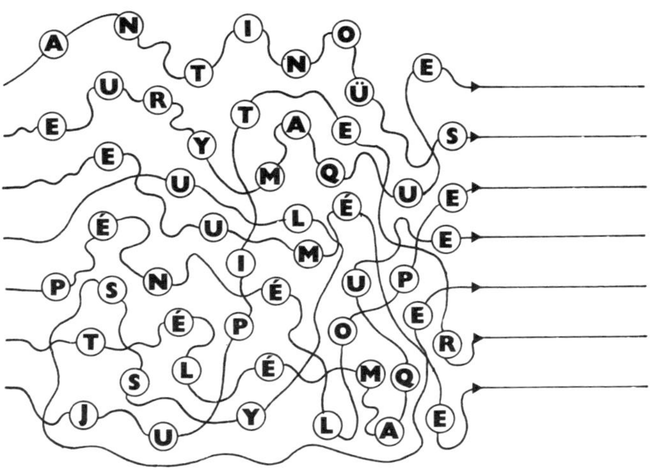

Solution : Odyssée, *Chants VI, VII et VIII.*

POUR EN SAVOIR PLUS...

Homère : la tradition d'un aède inspiré

Dès l'Antiquité, du fait même de leur extraordinaire succès, les poèmes homériques suscitent les disputes pour établir leur origine. Au début du XIIe siècle avant J.-C., des Grecs émigrés du continent européen avaient développé un très important foyer de civilisation en Ionie (actuellement en Turquie) : sept villes prétendaient avoir vu naître **Homère** et paraître ses œuvres. La riche cité de **Milet** semble devoir l'emporter.

Cependant l'existence même de cet illustre auteur a souvent été remise en question ; la tradition a fixé l'image d'un vieux poète aveugle qui aurait vécu au **IXe siècle av. J.-C.** Il est admis aujourd'hui qu'un même auteur a composé une succession de courts poèmes distincts faits pour être chantés à la cour des princes, pendant les banquets. L'épisode où un poète aveugle « célèbre la gloire immortelle des héros vainqueurs de Troie » (voir p. 161) montre bien quel rôle joue l'**aède**, également appelé **rhapsode** (ces deux termes signifient « celui qui chante » en grec) : tels les bardes celtes ou les troubadours et trouvères du Moyen Âge, il transmet une tradition épique purement orale que les manuscrits viendront plus tard fixer par écrit sous forme de récits versifiés.

Ce n'est qu'au VIe siècle av. J.-C. que le tyran d'Athènes Pisistrate décida de regrouper en une première édition « officielle » de 28 000 vers ces chants jusqu'alors dispersés. Au IIIe siècle av. J.-C., des érudits d'Alexandrie rééditèrent les deux poèmes homériques désormais divisés chacun en 24 chants, d'après les 24 lettres de l'alphabet grec. L'*Iliade* tire son nom de la ville même d'Ilion, c'est-à-dire Troie : d'inspiration héroïque et guerrière, elle illustre la puissance d'expansion des Grecs dont elle évoque ainsi l'installation sur la côte d'Asie. L'*Odyssée*, plus romanesque, raconte les aventures d'Ulysse, qui lui donne son nom (Ulysse est l'équivalent latin du nom propre grec *Odysseus*), errant sur le chemin du retour vers Ithaque.

Épopée et histoire

À quelle date se serait déroulée la guerre de Troie ? Déjà les Anciens n'étaient pas d'accord à ce sujet ; aujourd'hui, la fin du **XIIe siècle** (vers 1180 av. J.-C.) semble la plus souvent retenue. Au XIXe siècle, les travaux de l'Allemand Heinrich Schliemann, développés et corrigés par l'archéologie moderne, ont montré que l'épopée homérique s'appuie certainement sur des fondements historiques : même si son site reste contesté, la ville de

Troie a bien existé et elle a connu une destruction violente par le feu.

Qui étaient donc ces Grecs qu'Homère appelle **les Achéens** ? Des hommes généralement blonds, tels Ménélas ou Achille, portant barbe, moustache et cheveux longs. Pasteurs de bœufs et de moutons, ils connaissent l'agriculture et surtout le cheval ; ils utilisent le cuivre, sinon le bronze. Leur société est fortement organisée en familles, sous la dépendance du père — ainsi la famille des Atrides avec Agamemnon —, et en tribus qui constituent de petits royaumes indépendants (voir les princes, leurs pères et leurs royaumes dans le cahier-jeux). Ils révèrent un panthéon de dieux que les récits mythologiques ont façonnés à leur image, selon le principe de l'anthropomorphisme (voir, dans la même collection, *Contes et légendes mythologiques*). Face à eux, **les Troyens** constituent un peuple riche, disposant de bois, de métaux précieux en abondance, de chevaux réputés ; de plus leur position géographique, entre la Méditerranée et la mer Noire, leur assure une force stratégique. La légende n'a plus qu'à embellir une banale histoire de pillage déguisée en expédition punitive par des chefs coalisés pour s'enrichir.

Homère ne raconte pas **la fin de la guerre**. La mort d'Achille, la ruse du cheval de bois et la prise de Troie sont rapidement évoquées dans l'*Odyssée*, ainsi que les retours des principaux chefs grecs. Mais c'est par des cycles épiques postérieurs, puis par de nombreuses tragédies qui s'en inspirent au Vᵉ siècle av. J.-C. (« L'Orestie » d'Eschyle, « Les Troyennes » d'Euripide...) que nous seront transmis les divers récits de la fin de Troie et de son peuple.

Pour les aventures d'Ulysse, certains spécialistes ont montré qu'Homère se serait inspiré d'un récit de voyage accompli par des marins phéniciens, dont on pourrait ainsi retrouver géographiquement toutes les étapes (voir le cahier-jeux).

Cinéma

*Vous retrouverez les épisodes les plus célèbres de l'*Iliade *et de l'*Odyssée *dans quelques films diffusés à la télévision ou disponibles en cassettes vidéo :*

— **Hélène de Troie** de Robert Wise (1954).
— **La Guerre de Troie** de Giorgio Ferroni (1961).
— **La Colère d'Achille** de Marino Girolami (1962).
— **Ulysse** de Mario Camerini (1954) avec Kirk Douglas.
— **L'Odyssée**, feuilleton T.V. (8 épisodes) de Franco Rossi (1969).

Sans oublier **Ulysse 31**, la transposition en dessin animé des aventures d'Ulysse au XXXIᵉ siècle (1981, 26 épisodes).

CONTES ET RÉCITS
tirés de l'*Odyssée*

CHANT I

LES TRISTESSES D'UNE REINE

USE, chante ce héros fameux par sa ruse qui après avoir détruit les remparts sacrés de Troie l'Asiatique, porta au hasard ses pas errants. Il lutta contre les revers les plus désespérants, contre la volonté même des Dieux. Muse, chante ce héros qui par sa persévérance triompha de son mauvais Destin…

. . . .

Tous les guerriers qui ont échappé à la mort devant Troie sont depuis dix années rentrés dans leurs demeures. Un seul n'a pas revu sa patrie. Le palais d'Ulysse, roi d'Ithaque, est vide de son maître, et le royaume qui sous cette volonté si sage connaissait une existence prospère et paisible, est livré aux dissensions de nombreux prétendants.

Pourtant Ulysse a un fils, Télémaque, qui était tout

enfant au départ de son père mais qui, à cette heure, est d'âge à gouverner ce royaume sans souverain. Et Télémaque qui a toute la fierté de son rang et toute la fougue de son âge, brûle d'arracher Ithaque aux appétits qui la troublent ; mais que peut-il, seul, contre tous ces rivaux ? Le peuple qui se soumettait avec joie à Ulysse, le chef élu par son libre consentement, ne se prononce pas en faveur de Télémaque dans lequel il ne voit qu'un enfant tout au plus bon à vivre parmi les plaisirs et à écouter docilement les conseils maternels. Ce jeune homme, qui supporte que le palais de son père soit envahi nuit et jour par des usurpateurs gaspilleurs de ses richesses, n'est pas capable d'être un roi. Et depuis longtemps, ce manque de confiance réciproque entre le peuple d'Ithaque et le fils de son roi, cause peu à peu la perte du royaume. Celui-ci s'effrite puisque aucune volonté d'homme ne lui vient en aide.

Pourtant il se maintient encore et c'est à l'amour persévérant d'une femme, à sa fidélité au souvenir qu'il le doit.

Pénélope, la femme d'Ulysse, se refuse à croire à la mort de son époux. Elle sait qu'il n'est pas tombé devant Troie, elle sait qu'il est le vrai vainqueur de l'antique cité, que là où se sont usés les courages tumultueux d'un Achille, d'un Ajax, d'un Agamemnon, sa ruse à lui, sa perspicacité géniale ont triomphé. Et elle ne peut croire que ce héros dont elle est si fière ait péri misérablement sous l'assaut d'une tempête.

— Il reviendra demain ! se dit-elle avec un espoir inlassable. Il est vivant. Ah ! s'il était mort, mon cœur se serait brisé de lui-même dans ma poitrine.

Et elle l'attend. Et elle tressaille de colère et de douleur quand, du fond du gynécée, elle entend les voix des usurpateurs célébrer au bruit des rires, des chansons, des coupes choquées, la joie farouche de la conquête. Comme elle voudrait être une simple femme, n'avoir qu'à se donner toute à la douleur, aux regrets. Mais il lui faut renfoncer ses larmes et conserver son calme. Son fils, ce souvenir vivant de l'époux aimé, est en péril. N'est-il pas à la merci de la colère d'un de ces chefs puissants qui n'ont qu'un désir, celui de succéder à Ulysse ?

Et Pénélope a d'autant plus de difficulté à vaincre les sentiments d'indignation qui l'animent que tous ces rivaux qui brûlent de devenir rois d'Ithaque, osent prétendre à l'épouser, elle, la reine !

Elle crispe sa belle bouche avec horreur. Oui, on peut disposer d'elle malgré elle, c'est la loi. Veuve du roi, celui qui l'épousera sera roi. Pourquoi la maturité est-elle venue pour elle sans flétrir sa beauté ? Que de fois, elle a enfoncé ses ongles dans son visage pour faire de lui un objet d'horreur. Mais elle demeurait « la reine » et ce titre-là ne s'enlaidit pas.

Alors, elle a rusé. Sa finesse féminine lui a montré que la force pouvait être vaincue par les ressources de l'intelligence. Sa race, son union avec le plus sagace des Grecs ont mis en elle le don d'astuce. Elle a feint de se résigner à être remariée.

— Mais, a-t-elle dit aux prétendants à sa main — et à son trône — je veux auparavant terminer cette tâche. Voyez le tissu que j'ai brodé, j'en veux faire don à la déesse Minerve. Ce serait blasphémer que de renoncer à une offrande promise.

— Quand donc, reine, disaient les rivaux impatients, auras-tu achevé cet ouvrage ?

— Bientôt. J'y travaille tout le temps.

C'était vrai, mais ce que l'adroite reine n'a pas ajouté, c'est que chaque nuit, patiemment, elle défait ce qu'elle a fait le jour.

Et cela dure depuis des mois et des années.

LES TRISTESSES D'UNE REINE

Chaque nuit, patiemment, elle défait ce qu'elle a fait le jour. (Page 115.)

La divine patience d'un être faible a su mettre en échec ces ambitions, ces désirs brutaux, tant de forces qui paraissent indomptables.

— Dieux ! soupire cependant Pénélope, ne prendrez-vous pas pitié de nous ?

Ses prières ont été entendues. À cette heure où, rassemblés dans la plus vaste salle du palais, les prétendants assis autour d'une table occupent leurs loisirs par le jeu de dés, un homme à la fière stature s'est présenté sur le seuil.

Ses cheveux grisonnants, ses vêtements lui donnent l'apparence d'un voyageur d'âge mûr, d'un négociant venu jusqu'à Ithaque pour y commercer, mais le feu de ses regards est divin. C'est Minerve, la déesse de l'intelligence, la protectrice puissante et fidèle du sage Ulysse qui a obtenu du maître des Dieux d'aller consoler ceux qui pleurent et réunir ceux qui sont séparés.

Ulysse n'est pas mort, il « doit » revoir sa patrie. Minerve va s'y employer. Et c'est pourquoi elle a revêtu une apparence humaine, c'est pourquoi elle se tient modestement comme un voyageur timide à l'entrée de ce palais où s'empressent les esclaves.

Télémaque, qui était assis rêveusement parmi les chefs, aperçoit le premier la déesse.

— Eh quoi, fait-il en fronçant les sourcils et en s'adressant à un esclave, nul ici n'a introduit encore cet étranger qui demande l'hospitalité ? C'est déroger à nos antiques coutumes.

Il se lève avec empressement et s'approche de Minerve.

— Salut, ô étranger, lui dit-il, entre et viens réparer tes forces. Quand tu te sentiras reposé, tu nous apprendras l'objet qui t'amène. Holà, Porpha, ajoute-t-il en s'adressant à une femme âgée chargée de l'office, qu'on apporte à cette table, loin du bruit du festin, du pain et des viandes ainsi que des coupes et du vin. Souffre, étranger, reprend-il tourné vers Minerve qui s'est assise, que je te fasse partager mon repas, loin de la turbulence de mes hôtes. J'ai tant de questions à te poser !

— Et lesquelles ? demande Minerve, touchée de la tristesse peinte sur le visage du jeune homme.

Celui-ci se penche à son oreille afin de n'être pas entendu de ceux qui les entourent : le chant et la danse ajoutent maintenant au plaisir du festin.

— Ah ! dit Télémaque en pâlissant, c'est que tout voyageur qui aborde à cette île me semble devoir nous apporter des nouvelles de mon père. Hélas ! c'est en vain que j'interroge les nautoniers[1] étrangers. Nul ne sait rien, et moi je désespère.

— Et pourquoi désespérer ? fait vivement Minerve. Ne peut-on s'imaginer que ton père est prisonnier d'hommes barbares dans quelque île isolée ? Ton nom est Télémaque sans doute et le père pour qui tu trembles est Ulysse, roi d'Ithaque.

— Oui, soupire le jeune homme, mais toi, étranger, qui es-tu ?

— Mon nom ne te dirait rien ; sache seulement que je suis un ami du grand Ulysse, que je m'intéresse à son sort et à celui de son fils. Si j'ai abordé à Ithaque, c'était pour te dire ceci : que célèbre-t-on ici, une fête ou un hyménée ? Pourquoi tant de joie et de dépense dans une maison dont le maître est absent ?

— L'absence de mon père, nos inquiétudes pour sa vie ne sont pas les seuls objets de mes larmes, fait Télémaque avec accablement. Les chefs des îles de Dulichium, de Samé et de Zacynthe briguent la main

1. Pilotes de bateau.

de ma mère et comme elle retarde toujours l'obligation de se remarier, ils se sont installés ici et ils consument notre héritage en festins. Plût au ciel qu'Ulysse pût apparaître sur ce seuil, ses javelots à la main. Tous ces désirs d'hymen finiraient dans le deuil. Mais...

— Écoute, dit vivement Minerve qui se lève. Télémaque, tu es sorti de l'enfance, tu es grand et robuste, sois énergique. Dès demain, convoque le peuple d'Ithaque et ces importuns prétendants et dis hardiment à ces derniers de rentrer dans leurs domaines. Puis, écoute encore. Arme un vaisseau de vingt rameurs et rends-toi chez les anciens amis de ton père, vers ces rois qui, comme Nestor et Ménélas, ont participé avec lui au long siège de Troie. Ils sauront peut-être te donner quelque nouvelle du disparu. S'il n'est plus, si sa mort ne fait pas de doute, alors tu reviendras dans Ithaque et tu consacreras tous tes efforts à débarrasser ton palais de ces rivaux qui l'assiègent. Souviens-toi que le jeune Oreste [1] a tué l'assassin de son père, sois courageux comme lui. Ton destin sera ce que tu le feras toi-même. Adieu. Il faut que je retourne à mon navire. N'oublie pas les conseils que je viens de te donner.

Télémaque a écouté en rougissant le reproche qui est voilé dans cet avis amical. Il sent qu'en effet il n'a pas agi comme le lui commandait sa fierté. Lui, le fils d'un héros, il s'est conduit comme un enfant peureux. Il serre dans ses mains les mains de l'étranger qui s'est levé et a déjà passé le seuil.

1. Au retour de la guerre de Troie, Agamemnon est assassiné par son épouse Clytemnestre, aidée de son amant Égisthe qu'elle avait installé sur le trône de Mycènes en l'absence du roi. Quelques années plus tard, Oreste, fils d'Agamemnon, venge son père en assassinant à son tour Clytemnestre et Égisthe.

— Merci, lui dit-il avec émotion et respect, de cet entretien qui jamais ne s'effacera de ma mémoire. Mais demeure encore parmi nous, je t'en prie. Ta seule présence verse en mon cœur une résolution digne de mon père. Reste, étranger.

Minerve a souri en secouant la tête, elle arrache sa main de la main suppliante du jeune homme et elle disparaît avec la rapidité de l'aigle.

— Quoi ! fait Télémaque avec étonnement, se peut-il qu'un mortel s'évanouisse si vite aux yeux ? Ou j'ai été le jouet d'un songe, ou ce voyageur bienfaisant n'est autre qu'une divinité. N'est-ce pas Minerve elle-même qui est venue m'éclairer de sa sagesse ? Oui, car ce que je sens dans mon cœur a quelque chose de surhumain.

Le jeune homme s'est retourné. Son regard rencontre celui d'Antinoüs, fils d'Eupithès. C'est, parmi les prétendants à la main de Pénélope, le plus audacieux et le plus brutal. Ses sentiments et ses appétits grossiers transparaissent sur son visage. En voyant les yeux de Télémaque se fixer sur lui, il fronce ses noirs sourcils et dit avec dédain et rudesse :

— Que te voulait cet étranger, enfant, et pourquoi est-il si tôt parti ? T'aurait-il annoncé le retour de ton père ? Ah ! ah !

Mais son rire moqueur se glace sur ses lèvres : le regard de Télémaque a tant de dignité qu'un murmure d'étonnement court parmi les assistants.

— Qu'a-t-il donc ? se disent-ils les uns aux autres. Où est sa timidité de toujours ?

Télémaque parle enfin, et sa voix est ferme et claire :

— Demain, dit-il, assemblez-vous sur la place devant le palais. Je veux vous parler devant le peuple réuni.

Et traversant d'un pas majestueux les rangs des

rivaux surpris, il sort de la salle et se rend dans le pavillon qu'il habite auprès du palais et qui, construit sur une éminence à l'ombre d'antiques cyprès, domine l'île tout entière.

Quand il en franchit le seuil, ses esclaves se précipitent pour le servir, mais il les repousse du geste :

— Euryclée, dit-il à sa vieille nourrice qui est accourue la première et a baisé sa main avec tendresse, congédie les serviteurs, je veux te parler à toi seule. Tu avais toute la confiance de mon père, tu m'as élevé depuis mon enfance, tu me donneras ton aide dans le projet que j'ai formé.

Euryclée s'empresse de faire sortir les esclaves et elle vient s'asseoir au pied de la couche faite de toisons de brebis où s'est étendu le jeune homme. Elle attend avec impatience et angoisse qu'il lui fasse part de son dessein. Jamais elle ne l'a vu si grave et si résolu.

— Chère Euryclée, dit-il, j'attends de ton affection que tu me gardes le secret sur ce que je vais te confier, même vis-à-vis de ma mère. Si celle-ci en avait connaissance, quelles larmes elle répandrait ! Et je n'aurais plus de courage pour m'en aller...

— T'en aller ! fait Euryclée avec douleur, que veux-tu dire, mon fils ?

— Calme-toi, nourrice, ne pleure pas ainsi, alors que j'ai besoin de ton secours. Oui, je pars. Je veux savoir ce qu'est devenu mon père. J'irai le demander à Pylos, au vieux Nestor, et à Sparte, à Ménélas.

— Dieux ! gémit Euryclée en se tordant les mains, verrai-je donc l'enfant que j'ai nourri se hasarder sur la mer orageuse ? Seul, sans appui, toi l'unique enfant d'un héros, l'objet de toute notre tendresse ! Ainsi, il ne te suffit pas qu'Ulysse ait péri loin de sa patrie, tu veux achever la ruine de son royaume, tu veux accabler d'une douleur nouvelle l'épouse qui le pleure. Ah ! par pitié, songe à ta mère que ta perte laisserait désormais sans nul secours. Que répondrais-je à ses reproches, à ceux du vieux Laërte ton aïeul[1] quand ils viendront me demander : « Où est le prince que nous t'avions confié ? »

Les sanglots de sa nourrice émeuvent Télémaque, mais sa pensée est pleine du souvenir des conseils divins. Il se penche, il essuie les yeux d'Euryclée.

— Calme tes frayeurs, dit-il d'une voix douce mais résolue, ce dessein n'est pas né dans mon cœur sans la volonté des Dieux. Soumets-toi, comme je le fais, à cet ordre puissant. Et jure-moi de cacher aussi longtemps qu'il le sera possible mon absence à ma mère. Fais ce serment, je le veux.

Euryclée ne peut se refuser à la demande de Télémaque. L'accent du jeune homme est si persuasif qu'il vainc son angoisse et ses hésitations. Elle jure par les Dieux de se taire, du moins tant que Pénélope n'aura pas été instruite par d'autres du départ de son fils.

— C'est bien, fait alors Télémaque. Je compte sur ton silence, mais voici où ton aide m'est nécessaire. C'est toi qui as la garde des richesses de mon père, de ses coffres d'or, de ses greniers pleins de tas de blé, d'urnes d'huile et de vin. Mets dans de grandes outres vingt mesures de la farine du plus pur froment et remplis du meilleur vin que tu pourras trouver douze profondes urnes. Je les emporterai comme provisions pour mon voyage. Non, ne dis plus rien, nourrice, rien ne peut me faire changer d'avis. Je ne puis rester davantage oisif dans cette longue, cette cruelle attente. Fais secrètement ce que je te demande. Je partirai demain, à la nuit.

1. Laërte est le père d'Ulysse.

Euryclée s'incline en soupirant, et tandis que Télémaque ferme les yeux et s'endort avec calme, la vieille servante ouvre doucement les portes des greniers royaux afin de commencer les préparatifs du départ.

Aux premiers rayons de l'aurore, Télémaque est debout. Il charge ses hérauts de convoquer les citoyens au nom du roi, puis, d'un pas solennel, il descend vers la place publique.

La foule y est rassemblée et elle commente avec étonnement ce fait si nouveau depuis le départ d'Ulysse. Aucun conseil, aucune délibération publique n'ont eu lieu en quinze ans.

— Qui donc nous a convoqués ? se demandent les vieillards. Et quelle nouvelle allons-nous apprendre ? Mais il n'importe, le fait même de s'adresser à la réunion des citoyens est d'une grande sagesse. Celui qui s'y décide mérite d'être écouté.

C'est au milieu des groupes surpris que passe Télémaque : sa démarche est d'une telle majesté, la gravité de son visage est si grande que tous croient voir le fils d'Ulysse pour la première fois, et c'est d'un mouvement spontané que les vieillards lui cèdent avec respect le trône de son père.

Télémaque promène ses grands yeux noirs sur l'assemblée, sur les toits de la ville et les rocs fauves qui l'entourent, puis sa voix retentit, ferme et sonore, dominant le murmure éternel de la mer.

— Citoyens d'Ithaque, dit-il, depuis que l'illustre Ulysse a quitté ce rivage, c'est la première fois que je m'adresse à vous. Je n'ai point, hélas, à vous annoncer la nouvelle du retour de notre armée ni à vous communiquer aucun projet qui intéresse la félicité commune. Je ne vous parlerai que de moi seul et du double désastre qui désole ma maison. Vous sentez ce que la perte de mon père a pu mettre de deuil dans ce palais où tout me parle de lui, de sa grandeur et de sa bonté. Mais ce n'était pas assez que de pleurer une telle perte. Bientôt j'aurai à regretter de plus la ruine totale de ma maison et de tous mes biens. Des hommes hardis, les fils de nos personnages les plus puissants, s'obstinent à rechercher, contre son gré, la main de ma mère. Ils n'osent pas aller la demander à celui dont elle dépend, à mon aïeul Icare qui peut seul disposer — en admettant que mon père soit mort — de sa fille et de la dot qui est son partage. Et ils se sont installés à demeure dans ma maison. Ils immolent pour leurs festins mes brebis, mes chèvres et mes génisses ; le vin de mes vignes coule à flots. Si ma force répondait à ma volonté, si je n'étais pas trop jeune pour les combattre, depuis longtemps j'aurais chassé de chez moi tous ces audacieux importuns. Citoyens, ne m'aiderez-vous pas à épargner à la mémoire de mon père l'insulte qu'on lui fait en venant courtiser jusque dans sa maison l'épouse qui le pleure ? Peut-être mon silence vous a-t-il fait penser jusqu'à présent que je subissais sans souffrance ni révolte une aussi détestable contrainte. Maintenant, vous ne pouvez plus en juger ainsi. Êtes-vous les alliés de mes oppresseurs ou êtes-vous mes amis ?

— Ah ! ah ! jeune Télémaque, crie ironiquement Antinoüs, il paraît que le lionceau a grandi. Mais ne nous accuse pas de tes malheurs. Ta mère seule est coupable. Depuis quatre ans, elle ruse pour ne pas faire son choix entre nous. Et tant que dureront ses stratagèmes, nous le déclarons hautement, nous ne sortirons pas de ton palais. Tant pis pour toi si tu ne parviens pas à imposer ta volonté à ta mère et à lui faire quitter ton palais pour suivre l'un de nous.

— Antinoüs, s'écrie Télémaque en se levant avec fougue, est-ce à moi de chasser de ma maison celle qui m'a donné le jour ? Mais je serais en exécration à tous les hommes. Lui « imposer ma volonté » ? Détestable pensée que je repousse. Non, aussi longtemps qu'elle le souhaitera, ma mère demeurera dans le palais où elle a été heureuse, toute au souvenir de l'époux qu'elle a aimé. Mais vous, vous, impudents, vous sortirez de chez moi, car je m'adresse aux dieux immortels et ils me vengeront.

Télémaque, en prononçant ces mots, a levé les bras vers le ciel et tout à coup deux aigles aux ailes immenses, s'élançant du sommet d'une montagne, planent au-dessus de l'assemblée. Le cou tendu, les serres ouvertes, dardant sur la foule leurs yeux perçants, trois fois ils volent en cercle, puis secouant leurs ailes avec force, ils disparaissent dans l'espace.

— Un présage ! s'écrient quelques-uns, et Halitherse, un augure fameux, murmure :

— Un terrible malheur menace un grand nombre de nous. Nous touchons à l'accomplissement de la prédiction que je fis à Ulysse le jour où il monta dans son vaisseau pour conquérir Troie : « Tu essuieras une longue suite d'infortunes, lui disais-je, tu pars avec de nombreux compagnons, tu reviendras seul. » Vingt ans ont passé. Citoyens d'Ithaque, il revient.

— Eh bien ! répond Eurymaque, un soupirant de Pénélope, en levant les épaules, que nous importe que des aigles volent ici ou là. Vieux fou, pourquoi veux-tu voir dans ceux-ci des interprètes certains de nos destinées ? Ton oracle va être anéanti par le mien. Voici ce que je prédis. Tu seras puni par nos propres mains des billevesées que tu viens de dire et Télémaque, sous peine de ruine complète, engagera sa mère à choisir immédiatement un nouvel époux. Que dites-vous de ma prédiction ? ajoute-t-il en se tournant vers le groupe tumultueux des soupirants de Pénélope.

— C'est parfaitement jugé, crient ceux-ci à l'envi.

— Jeunes gens, jeunes gens, fait avec reproche Mentor, un vieil ami du sage roi d'Ithaque, vous courez à votre perte dans votre aveuglement et vous, citoyens, vous dont le lâche silence permet à leur audace de se déployer sans frein, vous ne serez pas épargnés non plus au retour d'Ulysse. Pourquoi les rois seraient-ils justes, humains et généreux, puisque aucun de ceux sur qui ils ont régné et qu'ils ont protégés et secourus ne leur garde un souvenir de gratitude ?

Il s'est approché de Télémaque :

— Que vas-tu faire ? demande-t-il en mettant sa main sur l'épaule du jeune homme.

— Je vais partir pour Pylos et Sparte, là j'apprendrai peut-être des nouvelles de mon père.

— Je voudrais t'accompagner, fait vivement Mentor. Mais au moins aiderai-je à ton voyage. Je cours rassembler des rameurs et te préparer un vaisseau capable de te mener en sûreté.

Et Mentor descend rapidement vers le port.

— Télémaque, fait alors en souriant Antinoüs qui essaye d'arrêter le jeune homme, ne donne pas suite à ce projet dangereux. Viens t'asseoir avec nous autour du festin. J'oublie tout ce qu'une injuste colère a pu te faire dire contre nous.

Mais Télémaque se dégage avec froideur :

— Et moi, je n'oublie rien, dit-il. Je ne serai plus jamais le spectateur désespéré de votre joie.

— Laisse-le, Antinoüs, fait Léocrite, nous ne pouvons plus transformer en chien le lion déchaîné. Mais, ajoute-t-il tout bas en prenant le bras de son ami tandis que Télémaque s'éloigne à grands pas, ne t'inquiète point, si les tempêtes ne sont pas meurtrières pour ce jeune sot, quelque chose me dit qu'il ne rentrera cependant pas vivant dans Ithaque.

Et son clin d'œil plein de menaces fait éclater de rire ses compagnons...

Quelques heures plus tard, la lune semblait faire danser sur les vagues la silhouette sombre du vaisseau de Télémaque.

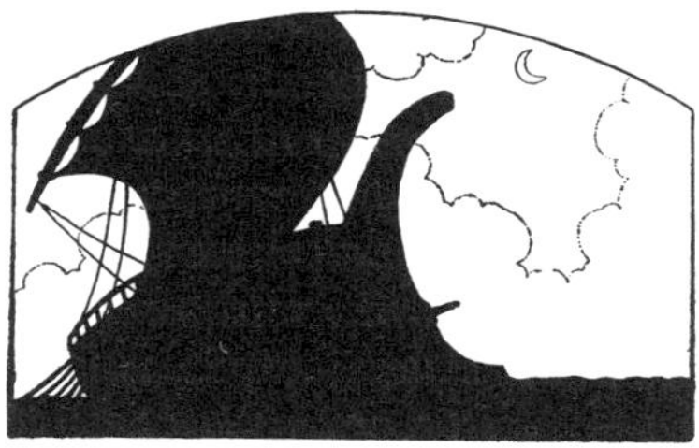

CHANT II

CHEZ LES VAINQUEURS DE TROIE

E SOLEIL sortait du majestueux empire de la mer quand Télémaque et ses compagnons entrent dans le port de Pylos. Les habitants des neuf villes du royaume de Nestor étaient assemblés sur le rivage et offraient à Neptune, au dieu couronné d'une chevelure azurée, une solennelle hécatombe de taureaux noirs.

Télémaque saute le premier sur la rive, Mentor le suit. Est-ce bien là en effet ce Mentor, compagnon d'Ulysse ? Un tel feu brille dans ses regards et sa démarche est d'une telle noblesse qu'on croirait bien plutôt voir en lui la divine Minerve qui a emprunté ses traits pour ne point étonner le jeune homme qu'elle veut préserver de toute embûche. Sur le navire qui, sous l'effort des rameurs, a atteint rapidement le but désiré, Mentor n'a cessé de prodiguer d'utiles conseils à Télémaque. Et peu à peu, la timidité qui s'emparait de celui-ci à la pensée d'approcher le vénérable Nestor, une des gloires de la Grèce, s'est dissipée. C'est avec confiance qu'il suit son guide et qu'il salue le vieux roi de Pylos.

À l'aspect des deux étrangers, le plus jeune fils de Nestor, Pisistrate, s'est élancé à leur rencontre. La loyauté, la bonté brillent dans ses yeux bleus et Télémaque sent une grande sympathie l'entraîner vers cet adolescent qui le salue avec un sourire.

— Étrangers, dit Pisistrate en les prenant par la main et les faisant asseoir à la table du festin entre son père Nestor et son frère Trasymède, nous célébrons ici la fête solennelle du roi de l'Océan. Offrez-lui une libation avant de vous restaurer. Tous les mortels doivent leurs hommages aux Dieux.

Mentor prend la coupe le premier et après avoir imploré Neptune et l'avoir remercié de les avoir si sûrement conduits au port, il la passe à Télémaque.

— Ô Dieu, fait celui-ci avec émotion, écoute mes prières, je t'en supplie. Bénis ceux qui nous accueillent en amis, le roi Nestor, ses fils et tous les Pyliens. Et accorde-nous la satisfaction de nos vœux si chers.

— D'où venez-vous, Étrangers ? dit alors Nestor, surpris de la gravité émue répandue sur ce jeune visage. Et qui êtes-vous ?

— Ô fils de Nélée, fait vivement Télémaque dont les yeux se remplissent de larmes, nous venons de l'île d'Ithaque qu'ombrage le mont Née et je suis le fils d'Ulysse, du grand Ulysse qui naguère, avec ton aide, a renversé la fameuse Troie.

— Quoi ! s'écrie Nestor en serrant Télémaque contre son cœur, je vois ici le fils de mon plus cher ami ! Oui, ce sont bien ses traits et je crois entendre la voix de mon compagnon de luttes. A-t-il enfin regagné son royaume ?

— Non, dit tristement le jeune homme, nul ne sait ce qu'il est devenu. A-t-il été la proie de l'Océan ? Nous avons appris le destin de tous les Grecs qui combattirent Troie. Achille tué par Pâris, Ajax englouti dans les flots de la mer, Agamemnon assassiné à son retour à Mycènes par l'usurpateur Égisthe. Mais mon père, mon père, où est-il ? Je t'en prie, vénérable Nestor, interroge tes souvenirs, dis-moi toute la vérité. Que je sache enfin par toi si je dois cesser d'espérer un impossible retour.

— Que te dirai-je, mon fils... soupire Nestor. Je sais si peu de chose sur le destin du grand Ulysse. Mais voici le peu que je sais. Troie était tombée, l'incendie avait ruiné la ville, tous les guerriers avaient été égorgés et nous autres, Grecs, nous nous étions partagé les femmes et les trésors. Nous étions prêts à regagner notre patrie quand quelques-uns de nos chefs irritèrent les Dieux. Les Atrides furent assez imprudents pour convoquer les Grecs en assemblée au moment où le soleil allait finir sa course. Quelle offense aux Dieux qui, en nous accordant la douceur de la nuit, ont ordonné à l'homme le repos ! C'était une violation flagrante de leurs ordres, et je m'efforçai en vain de détourner Agamemnon de ce projet. Le malheureux était déjà l'esclave de son triste destin. Il passa outre à nos conseils et nos chefs se réunirent au sortir d'un banquet. Les vapeurs du vin assombrissaient leurs esprits et au lieu de s'entendre sagement sur le moment propice au départ de l'armée, les chefs se divisèrent, entêtés dans leur avis différent. Nous avons passé cette nuit dans la tristesse des plus haineuses discussions. Dès l'aurore, la moitié de l'armée avec Ulysse, Ménélas, Diomède et moi, s'embarqua sans plus attendre. L'autre moitié, soumise aux ordres d'Agamemnon, demeura sur les bords de Troie. Près de Ténédos, la flotte d'Ithaque s'est séparée de nous, tandis que Diomède et moi poursuivions notre route vers l'Eubée et que Ménélas s'arrêtait à Lesbos. Les vents nous furent favorables à Diomède et à moi puisque nous ne mîmes que quatre jours pour aborder lui à Argos, moi à Pylos. J'ai su depuis que les Thessaliens conduits par Pyrrhus, le fils d'Achille, sont rentrés heureusement dans leur patrie, que Philoctète et Idoménée ont fait de même, que Ménélas, après avoir dû s'arrêter à la pointe de l'Attique pour rendre les honneurs funèbres à son pilote, avait vu la moitié de ses vaisseaux dispersés par une soudaine tempête. Il a mis sept ans à revenir des contrées d'Égypte où l'avaient poussé les vents. Et il est arrivé à Mycènes — lui qui croyait embrasser son frère Atride — pour voir les funérailles de l'assassin de celui-ci, de l'odieux Égisthe qu'Oreste venait de punir. Mais j'y songe, mon fils, peut-être Ménélas, dans son long voyage, a-t-il appris quelque nouvelle au sujet de ton père...

— Mon intention était d'aller jusqu'à Sparte après t'avoir salué, glorieux Nestor, fait respectueusement Télémaque. Et si tu le veux bien, je ne profiterai pas plus longtemps de ton hospitalité. Je vais remonter sur mon navire et reprendre la mer, le vent est propice.

— Non, dit Mentor de ce ton d'autorité qui montre bien qu'il n'est que le porte-parole de la divine Minerve, accepte cette nuit l'hospitalité de Nestor, Télémaque, et demain ce jeune homme, ajoute-t-il en montrant l'aimable Pisistrate, te mènera dans un char jusqu'à Lacédémone. Il ne faut point tenter si tôt la libre volonté de Neptune.

— Ce conseil est sage, fait Nestor en prenant la main de Télémaque, venez dans mon palais tous deux vous reposer de votre voyage.

Mais Mentor s'excuse de refuser pour lui cette invitation. Il prétexte une mission dans un pays voisin et, prenant congé de ses hôtes, il disparaît avec une telle rapidité que Télémaque, Nestor et ses fils en sont surpris.

— Cher enfant, dit alors le vieux roi de Pylos en hochant la tête et en posant sa main sur l'épaule de Télémaque, ou je me trompe fort ou ce compagnon de ton voyage n'a d'un mortel que les traits. Par ta valeur et par tes vertus, tu seras l'honneur de ta race, fils d'Ulysse, car les Dieux s'intéressent à toi. Je crois, oui, je crois que ce Mentor qui t'a guidé jusqu'ici n'est autre que la fille de Jupiter, l'invincible Pallas[1]. Ô Déesse qui t'es assise auprès de nous, sois-nous propice. Je te promets chaque mois le sacrifice d'une génisse au front blanc et sur lequel n'a pesé nul joug...

Le lendemain matin, dès l'aube, Télémaque monte sur le char de Nestor, à côté de Pisistrate. Les plus rapides chevaux du vieux roi étaient attelés. On met auprès des voyageurs des provisions, car la route est longue jusqu'à Sparte. Puis, après un sacrifice à Minerve en faveur de ceux qui s'éloignent, Nestor et les siens regardent disparaître la colonne de poussière qui, longuement, accompagne le char dans sa course.

Pisistrate a si bien aiguillonné ses chevaux que les deux compagnons arrivent pour la nuit à Phères dans le palais de Dioclès, fils d'Orsiloque, et ami du roi de Pylos. Là ils reçoivent une hospitalité empressée qui les repose de leur journée fatigante. Et le lendemain, ils se remettent en route avec une nouvelle ardeur.

Le soir tombe quand ils aperçoivent devant eux les hautes tours qui gardent Sparte. Un murmure joyeux de fête, de chants, de bruits de cuivre parvient

1. Épithète de la déesse Minerve.

à leurs oreilles. Étonnés, ils demandent à un paysan qu'ils croisent sur le chemin le sujet de tant de réjouissances.

— C'est, répond cet homme, que notre roi marie en ce jour son fils [1] et sa fille. La belle Hermione épouse Pyrrhus, le glorieux fils d'Achille, et le brave Mégapenthès est uni à une citoyenne de Sparte. Il n'y a rien de plus beau que les danses et les chants qui se font à cette occasion dans le palais.

— Que faisons-nous ? demande alors Télémaque à Pisistrate. Osons-nous troubler toute cette joie par ma triste venue ?

— Sans doute, ami, dit Pisistrate en souriant. C'est méconnaître Ménélas que de douter de son hospitalité. Il la donnerait somptueuse, même s'il n'avait point d'amitié pour nos pères. N'a-t-il pas eu, durant ses sept années d'errance, à apprécier chez les autres les bienfaits de l'hospitalité ? Entrons sans crainte.

Pisistrate a dit juste. Ménélas, avant même de savoir les noms de ses hôtes, les accueille avec amitié. On leur prépare un bain pour les reposer de toute la poussière de la route ; des esclaves les oignent d'huile parfumée, les revêtent de riches tuniques et les mènent dans la vaste salle où, entouré des jeunes époux, Ménélas leur tend la main et les fait asseoir près de lui.

— Jouissez, leur dit-il avec affabilité, de la joie que nous ressentons tous et quand vous aurez réparé vos forces, vous nous instruirez de votre origine et du but de votre voyage. Holà, esclaves, apportez les viandes et emplissez des coupes d'or du meilleur vin de mes

1. Mégapenthès est un fils naturel de Ménélas, qu'il eut d'une esclave pendant l'absence d'Hélène.

celliers. Je veux servir moi-même les amis que le Destin a arrêtés ce soir à ma porte.

Ménélas se penche vers Télémaque et dépose devant lui la part que l'on réserve aux rois : l'échine d'un taureau dorée à la flamme et de laquelle s'échappe un jus onctueux.

— Merci, ô généreux roi, fait doucement Télémaque, touché de tant d'affabilité. Je ne sais comment te dire mon contentement de me trouver ici, auprès d'un monarque aussi illustre et dans ce palais plein de merveilles. Cher Pisistrate, ajoute-t-il en se tournant vers son compagnon qui, comme lui, admire le luxe qui les entoure, ne se croirait-on pas dans l'Olympe, au lieu où Jupiter assemble les Immortels ? Vois ces riches tapis, ces tentures brodées, et tous ces objets plus précieux les uns que les autres. Ivoire, ambre, argent, airain et or surtout qui s'unissent pour former un chatoyant spectacle. Je n'aurais jamais cru que d'aussi étonnantes choses pussent exister. C'est un délice et une joie toujours renouvelés que de vivre au milieu de ces trésors.

Ménélas sourit avec mélancolie devant l'enthousiasme du jeune homme.

— Et si je te disais pourtant, mon fils, que je ne suis pas heureux, me croirais-tu ?

— Oh ! fait Télémaque avec doute.

Mais Ménélas, les yeux fixés au loin, continue comme se parlant à lui-même, douloureusement :

— Quelle amertume de vivre parmi toutes ces richesses et de se dire qu'à cause de vous tant d'autres qui chérissaient la vie et ses douceurs ne sont plus que des ombres, au royaume glacé de la Mort ! Parfois, quand mes mains touchent la pourpre d'une draperie, je crois voir entre mes doigts ruisseler un torrent de sang. Oui, mon palais est plein des trésors de Troie ; mes greniers, mes étables sont remplis à craquer, mais, dans mon cœur douloureux s'élève si souvent d'affreux cris d'agonie, d'appels angoissés où je reconnais des voix amies qui ne vibreront plus que dans mon souvenir !... Mon frère assassiné, Ajax, et toi, Ulysse, ami cher à mon cœur, je porte le poids de votre mort plus lourdement chaque année. Ah ! plût au ciel que je fusse resté dans mon foyer modeste et non enrichi des dépouilles asiatiques ! Tant de héros qui ont péri loin de la Grèce vivraient encore !

En entendant prononcer le nom de son père avec cette affection, Télémaque ne peut s'empêcher de pleurer.

— Qu'as-tu, jeune homme ? demande vivement Ménélas. T'ai-je à ce point attristé de mon chagrin ? Pourquoi ces larmes ?

— Illustre Ménélas, répond vivement Pisistrate, tu vois devant toi le fils de cet Ulysse que tu regrettes. Mon père Nestor, le roi de Pylos, m'a chargé de l'accompagner jusqu'ici pour y recevoir de toi avis et aide. Non seulement mon ami n'a pas revu son père, mais le séjour d'Ithaque même lui est rendu pénible par la présence d'ennemis oppresseurs.

Ménélas serre entre ses bras les deux jeunes gens et ne se lasse pas de retrouver en eux les traits de leurs pères.

— Ah ! fait-il à Télémaque, combien de fois je me suis plu à parler d'avenir avec mon cher Ulysse ! « Si nous revenons de Troie, lui disais-je, il n'y aura plus pour nous de séparation ni d'éloignement. Tu quitteras ton Ithaque, avec les tiens et tout ton peuple, et tu viendras auprès de moi dans une des villes qui entourent Lacédémone. Tu choisiras celle qui te plaît, je t'en ferai don et je t'y bâtirai un palais digne de toi et de notre amitié. » Et la mer l'a emporté loin de moi, lui, le plus sage des Grecs, lui le vrai vainqueur de Troie, et le ciel, jaloux du paisible bonheur que nous nous promettions tous deux, a fermé à ce seul infortuné le chemin de sa patrie.

Les larmes ont jailli des yeux de Ménélas. Il soupire.

— Allons, reprend-il en entourant de son bras les épaules de Télémaque, tu viens chercher un secours ami près de moi et je ne suis bon qu'à t'attrister encore. La nuit tombe. Qu'elle emporte dans ses voiles nos pensées affligées. Demain, nous reprendrons cet entretien.

Sur un signe de Ménélas, des esclaves conduisent les deux jeunes gens sous le portique du palais. On leur a préparé un lit moelleux fait de fourrures et de couvertures d'une laine soyeuse et fine. Bientôt Télémaque et Pisistrate oublient la fatigue de leur course, le somptueux palais qui les abrite et leurs esprits voguent dans le merveilleux pays des songes.

Ménélas, lui, n'a pas dormi, préoccupé et ému comme il l'était de la venue du fils d'Ulysse et dès que l'aube apparaît, il s'habille et sort de son palais. Il aborde Télémaque affectueusement :

— Mon cher fils, lui dit-il, j'attends de toi des éclaircissements sur le but de ton voyage à Sparte. Parle-moi aussi librement que si tu t'adressais à ton père.

Télémaque presse avec respect la main de Ménélas sur ses lèvres. En quelques mots, il le met au courant de l'insolence menaçante des prétendants à la main de sa mère et de la ruine qu'ils apportent dans son palais. Il le supplie de lui apprendre tout ce qu'il sait au sujet d'Ulysse, préférant, ajoute-t-il, même une cruelle certitude à cette épuisante attente.

Ménélas écoute avec une émotion indignée l'injure que les citoyens d'Ithaque ne craignent pas d'infliger à leur roi disparu :

— Ainsi, dit-il, en l'absence du lion, les hyènes lâches envahissent son antre ! Mais le roi des forêts peut revenir. Il reviendra, mon cher fils, et alors tous ces audacieux seront précipités dans la nuit du tombeau. Ulysse n'est pas mort. J'en crois le vieux Protée[1] qui règne au fond des mers. Voici ce que m'a dit son oracle infaillible. Mais sache d'abord ceci : mes vaisseaux avaient été dispersés par le vent et m'avaient porté sur la côte d'Égypte où je fus retenu longtemps. Or, un jour, dans une de mes tentatives pour la fuir, j'abordai dans une anse, au nord de l'île de Pharos — île située à un jour de distance de la terre africaine. L'eau de source ne nous faisait pas défaut sur ce rivage qui n'est guère hanté que par les oiseaux du large, mais nos vivres étaient consumés. En vain nous cherchions à pêcher. Nos lignes ne ramenaient aucun poisson et je sentais le désespoir m'envahir quand une déesse des eaux, la Néréïde Idothée, fut touchée de nos malheurs. Elle me donna avis que son père Protée pouvait me révéler la cause de mes disgrâces et me dire quelle en serait la fin, qu'il pouvait m'apprendre aussi quel était le sort des compagnons que je pleurais. Je fus ranimé à cette pensée.

« — Mais comment, dis-je à la déesse, oserais-je m'approcher de l'immortel Protée, du pasteur divin des troupeaux de Neptune ? Ne se transformera-t-il pas, en me voyant, en écume légère insaisissable à mes doigts humains ?

— Non, fit la Néréïde, il te suffira de l'enchaîner pour le garder près de toi et t'en faire obéir. Écoute,

1. Divinité marine, souvent appelé le « Vieillard de la Mer », Protée est le gardien des troupeaux de phoques de Neptune. Comme Nérée, il possède le redoutable pouvoir de se métamorphoser à son gré. Son don de prophétie est aussi célèbre.

il vient chaque soir avec son troupeau de phoques dormir dans une des grottes de l'île. Toi et trois de tes compagnons vous vous enfermerez dans la dépouille d'un phoque et, en vous traînant sur le sable, vous vous approcherez de lui. Dès qu'il sera endormi, vous le ligoterez, et, malgré ses fureurs, vous n'aurez rien à redouter de lui. Alors tu l'interrogeras et tu connaîtras cet avenir qui te tourmente.

Je fis ce qu'avait conseillé la déesse et notre ruse réussit parfaitement. Quelques heures plus tard Protée gisait à nos pieds, chargé de liens : "Vieillard, lui dis-je, j'attends de toi la vérité sur mon avenir. Quand reverrai-je ma patrie et les champs de mes pères ? Que sont devenus les héros qui me sont chers, mon frère Agamemnon, Ajax et Ulysse ?"

Alors, mon cher fils, le vieux Protée m'apprit qu'il me fallait renoncer à revenir à Sparte tant que je n'aurais pas fait ruisseler sur les bords du fleuve Égyptus le sang des plus belles victimes pour apaiser les Dieux de l'Olympe. Il me dit l'atroce mort de mon frère, celle d'Ajax, noyé dans une tempête, puis il ajouta :

— Tu veux savoir ce qu'est devenu Ulysse ? Il est le prisonnier de la nymphe Calypso. J'ai vu couler de ses yeux des larmes amères en contemplant les vagues qui battent les rochers de l'île, car il n'a ni vaisseau ni rameurs pour s'en aller vers sa terre natale.

Mon cher fils, voici tout ce que je sais. Je ne doute point que le dieu ne m'ait dit la vérité. Si Ulysse peut échapper à sa prison avec le secours des Dieux, il viendra chasser de son palais les infâmes qui oppressent sa femme et son fils. Mais quand aura lieu cette délivrance ? En attendant, demeure auprès de moi. Je te donnerai mon plus beau char et mes plus rapides chevaux. Un palais, des champs, des troupeaux. »

Télémaque secoue tristement la tête.

— Généreux Ménélas, dit-il, je vais te quitter à présent. j'ai obtenu de toi tout ce que je souhaitais. Garde ces présents qui ajoutent à la splendeur qui t'entoure et qui ne me feraient pas oublier Ithaque, mon aride rocher. Certes, souvent les îles sont dénuées de plaines et de pâturages, mais Ithaque passe, non sans raison, pour la plus montueuse et la plus stérile. Et cependant je l'aime ; si pauvre soit-elle, je préfère ses maigres landes où ne broutent que des chèvres à tous les riches haras des plus beaux royaumes. C'est ma patrie.

— Je te donnerai donc, fait Ménélas en souriant, des présents que tu pourras emporter. Allons offrir un sacrifice aux Dieux, puis nous préparerons tout pour ton départ. Je comprends que tu aies hâte d'embrasser ta mère. Qui sait si ce n'est pas Ulysse lui-même qui te recevra à ton retour dans Ithaque.

Mais tandis que des apprêts joyeux se font dans le palais de Ménélas où tout a encore un air de fête, d'autres apprêts, lugubres ceux-ci, ont lieu dans le palais d'Ulysse à Ithaque.

Antinoüs et les prétendants de Pénélope ont appris le départ de Télémaque. Bien qu'ils eussent été prévenus par le jeune homme de son dessein, ils n'y avaient pas attaché une grande créance. Mais il est parti, ils le savent à présent et ils redoutent qu'il ne ramène son père avec lui.

Léocrite rappelle à ses compagnons qu'il était plus facile de se débarrasser d'un importun sur les flots que sur le sol.

— Ne le laissons pas rentrer dans Ithaque, a-t-il ajouté ; cachons-nous derrière l'îlot d'Astéris, dans l'anse qui se trouve du côté d'Ithaque. Quand le vaisseau de Télémaque doublera l'îlot, nous le prendrons à revers. Nous avons de bons rameurs, un solide navire. Ce ne sera qu'un jeu pour nous de nous débarrasser de ce matelot inexpérimenté.

Antinoüs et ses amis applaudissent Léocrite, et, au moment où le soleil disparaît à l'horizon, le navire où ils sont tous montés quitte le port d'Ithaque pour se rendre au lieu de l'embuscade.

Du haut d'une des terrasses du palais, Pénélope a assisté au départ de ses soupirants. Elle s'étonne, angoissée tout à coup. Sans savoir ce que cachent cette promenade en mer et ce soudain silence dans le palais, elle s'inquiète.

Et tout à coup des pas rapides retentissent. Le héraut Médon, un vieux serviteur d'Ulysse, apparaît, tremblant, les vêtements ruisselants d'eau.

— Reine, dit-il d'une voix essoufflée, j'ai pu m'échapper de la barque que tu vois là-bas et sur laquelle ont pris place Antinoüs, Léocrite et les autres chefs, pour te prévenir du malheur qui te menace. Cette troupe féroce n'attend que le retour du prince Télémaque pour l'égorger. J'ai surpris ce complot.

— Le retour de Télémaque ? fait Pénélope en joignant ses belles mains avec angoisse. Mais Euryclée m'a dit que mon fils s'était enfermé chez lui et ne voulait voir personne.

— Non pas, Reine, dit vivement Médon, le prince est parti pour Pylos et Sparte chercher des nouvelles de notre roi. Voici déjà plusieurs jours qu'il est absent. On m'avait assuré que Mentor l'accompagnait, mais on s'est trompé sur une ressemblance car j'ai vu Mentor ce matin même sur la place...

Pénélope n'écoute plus. Hagarde, affolée, elle descend en courant l'escalier des terrasses et se précipite vers la porte du palais de Télémaque. La vieille

Euryclée, assise sur le seuil, se lève et lui barre le passage.

— Je sais tout, hurle Pénélope qui arrache ses cheveux et déchire ses vêtements dans le paroxysme de sa douleur. Mon fils ! où est mon fils ? Qu'en as-tu fait ? Misérable, tu l'as livré au poignard des assassins.

— Maîtresse chérie, dit Euryclée en pleurant, tue-moi si tu le veux. Je n'ai fait qu'obéir aux ordres de Télémaque. C'est par tendresse pour toi qu'il m'a fait jurer de te taire son départ. Hélas ! combien ce serment m'a coûté ! N'est-il pas mon fils, à moi aussi, par tous les soins que j'ai pris de son enfance. Je t'en prie, cesse de te meurtrir avec cette furie...

— Euryclée, fait Pénélope qui sanglote en laissant aller sa tête sur l'épaule de l'esclave dévouée, pardonne-moi mes mots amers. Mais je suis trop malheureuse. J'ai perdu le meilleur des époux, depuis des années je suis tyrannisée par des recherches qui me sont odieuses et voilà que mon fils, tout mon bonheur, tout mon orgueil, va m'être enlevé à son tour. Oh ! cette pensée me rend folle. Courons prévenir Laërte. Peut-être le père de mon mari, en apprenant l'affreux malheur qui nous menace, sortira-t-il de sa retraite ; et, en montrant ses larmes aux yeux du peuple, peut-être le touchera-t-il assez pour l'entraîner, l'aider à défendre sa race.

— Ne tourmentons pas un vieillard, ma chère maîtresse, fait Euryclée tendrement. N'achevons pas de l'accabler dans sa douleur d'avoir perdu un fils comme le sien. Mais mettons notre confiance dans les Dieux. Je ne croirai jamais que la race d'Arcésius[1] puisse être odieuse aux Immortels.

1. Père de Laërte.

Invoquons Minerve, la fille du Dieu de la foudre. Elle te rendra ton fils, fût-il entouré des ombres de la Mort.

Soutenant Pénélope accablée, la vieille nourrice l'aide à rentrer chez elle. Elle la pare de ses plus beaux vêtements puis, suivies de toutes les femmes esclaves, elles montent sur la terrasse du palais. De ses mains tremblantes, Euryclée élève vers le ciel une corbeille pleine d'orge consacrée :

— Ô fille invincible du Dieu tout-puissant, ô Minerve, dit-elle, protège le fils du héros !...

CHANT III

NAUSICAA AUX BRAS BLANCS

CEPENDANT, tandis que ces événements se passaient à Ithaque, celui qu'on y pleurait, celui qu'on y attendait désespérément, attendait et pleurait désespérément aussi dans l'île éloignée qu'habitait la belle nymphe Calypso.

Qu'importait à sa douleur le spectacle enchanteur des lieux où il végétait : cette grotte environnée d'une forêt toujours verte et embaumée, remplie d'oiseaux chanteurs, ces fontaines et ces cascades qui paraissaient sans fin tordre des fils d'argent, cette vigne aux raisins sucrés vers laquelle il n'avait qu'à étendre la main, ce gazon semé de fleurs. Un dieu même n'aurait pu passer dans ces lieux sans s'arrêter, charmé.

Et l'homme, muré dans sa douleur de père et d'époux, appelait cet éden « sa prison » !

Étendu sur le bord du rivage, tout le jour — depuis tant de jours ! — Ulysse gémissant fixe ses yeux sur les vagues écumeuses.

— Barrière des flots ! murmure-t-il, plus indomptable que toutes les montagnes de la terre, vais-je donc te trouver toujours devant moi, me dérobant ma patrie, ma femme, mon fils ?

Et ses larmes tombent sur les violettes du gazon.

— Ulysse ! fait à ce moment une douce voix.

Calypso s'est approchée de son prisonnier. Elle a posé une main sur ce front creusé de plis amers :

— Cesse, lui dit-elle avec un soupir, de consumer ta vie dans le désespoir. Le roi des Dieux te permet de partir. Et j'obéis à sa volonté. Son divin messager m'a apporté l'ordre souverain. Je ne puis te retenir dans mon île. Pars donc, ingrat. Je t'aurais donné l'immortalité sur cette terre aux étés éternels. Et tu pleures ta patrie aride et ton épouse qui bientôt aura des cheveux blancs ! Va-t-en. Je t'aiderai. Quand tu auras construit en abattant ces grands chênes un radeau capable de te porter, je te donnerai des provisions d'eau, de froment, de vin, des vêtements et je demanderai à Éole, le dieu des vents, de t'envoyer une brise favorable. Pourquoi me regardes-tu avec cette méfiance ? Crois-tu que je veuille me venger de ton indifférence ? Non, j'en jure par le Styx [1] qui coule dans l'empire profond des morts. Je ne forme plus qu'un désir : te voir partir.

Ulysse se jette aux pieds de la déesse. Il lui rend grâces de le traiter avec cette douceur. Une joie d'enfant l'a saisi. Il s'empare d'une hache que lui a apportée la nymphe et il court vers la forêt. Bientôt les arbres, attaqués avec force, tombent un à un.

Rapidement Ulysse, armé de la cognée, les transforme en poutres équarries qu'il assemble au moyen

1. Fleuve souterrain qui passe pour couler aux Enfers en neuf méandres. Seuls les dieux jurent « par le Styx », ce qui constitue un serment solennel et terrible.

de chevilles. Calypso préside à ces nouveaux travaux, et elle admire l'ingéniosité de ce mortel qui trouve dans l'ardeur de son cœur l'endurance qui se rit de la fatigue et la science qui se passe de l'expérience.

En quatre jours, le radeau est construit. Il a une lisse, un gouvernail, un mât, une voile, des cordages. C'est presque une véritable embarcation. Au moyen de leviers, Ulysse le lance à la mer. Une joie immense fait vibrer le cœur du nautonier. La barrière n'existe plus, Ithaque est là-bas, à l'horizon qu'il touchera ce soir, demain.

Calypso a tenu parole. Des outres et des urnes pleines jusqu'au bord permettront au voyageur des flots d'apaiser sa soif et sa faim. Éole fait souffler un vent propice. Ulysse a tendu sa voile. L'embarcation vole sur les flots. Sur le plus haut rocher de l'île qui s'amenuise, les voiles blancs de Calypso flottent dans la buée lumineuse où s'estompe le passé.

Durant dix-sept jours l'heureux voyage se continue pour le héros. À l'horizon grandissent les monts couverts de forêts de l'île des Phéaciens, quand Neptune, en se dressant au-dessus des vagues, aperçoit sur l'immensité de la mer un de ces Grecs qui l'ont offensé naguère. Il gronde. Sa colère se rallume et, de son trident, il soulève les flots. Il a couvert de nuées épaisses les eaux et la terre, il précipite les vents avec furie. Ulysse pâlit et soupire.

— Hélas ! se dit-il, je suis maudit des Dieux. Que ne suis-je tombé comme tant d'autres Grecs dans les plaines de Troie ! J'aurais obtenu les honneurs du tombeau et mon nom se placerait auprès de celui du vaillant Achille. Mais non, ma mort sera obscure et mon corps sera roulé par les vagues.

Avec d'effroyables clameurs la mer creuse des abîmes ; une vague soudaine arrache Ulysse du gouvernail où il se tenait cramponné et le précipite au loin. Mais le héros n'a pas perdu connaissance, il nage vers son embarcation. Il est assez heureux pour l'atteindre malgré l'effort obstiné des lames qui semblent prendre plaisir à la lui retirer au moment où sa main s'attache à elle. Mais le gouvernail, le mât, la voile, les provisions ont été emportés par la violence de la mer. Ulysse ne possède plus qu'un misérable radeau, jouet de tous les vents contraires.

Durant deux jours la tempête ballotte le héros sans venir toutefois à bout de son courage. Les Néréides [1] dressent leurs têtes aux cheveux d'argent pour suivre avec apitoiement les efforts de l'homme si fragile luttant contre la vaste mer et, parmi elles, la belle Ino, fille de Cadmus, ne peut rester insensible à ce spectacle. Elle dénoue l'écharpe d'algues qui entoure son corps nacré et s'appuyant au bord du radeau :

— Tiens, dit-elle à Ulysse, prends cette écharpe et attache-la autour de toi après avoir dépouillé tes vêtements. Puis, abandonne-toi à la mer, repousse du pied ce radeau qui ne peut te mener nulle part et nage dans la direction du nord vers cette étoile pâlissante. Dès que ton pied aura touché un rivage, souviens-toi de délier l'écharpe et, sans te retourner, jette-la dans la mer.

Elle disparaît au milieu des flots, et tandis qu'Ulysse hésite à obéir à son conseil dans la crainte d'avoir été joué par cette déesse inconnue, une vague énorme s'abat sur le radeau, le brise et en disperse les débris, ainsi que le vent éparpille un amas de pailles légères.

1. Les cinquante filles de Nérée, dit le « Vieillard de la mer », sont des divinités marines d'une grande beauté.

NAUSICAA AUX BRAS BLANCS

Tiens, dit-elle à Ulysse, prends cette écharpe. (Page 148.)

Il n'est plus temps de réfléchir, Ulysse a été projeté dans les flots une seconde fois. Tout en nageant, il se débarrasse de ses vêtements et noue l'écharpe autour de sa taille.

Et la mer s'apaise. Neptune s'est lassé. Une longue vague porte le héros vers un rivage.

— De la terre ! des arbres ! fait Ulysse avec ravissement.

Il oublie sa fatigue, ses jours sans pain, ses nuits sans sommeil ; il nage avec une vigueur accrue vers ces bords qui l'attirent. De hauts rochers se dressent devant lui, ils le déchireraient si Minerve ne veillait sur son protégé. Le bras puissant de la déesse pousse le héros à l'entrée d'un beau fleuve aux eaux calmes ; et bientôt Ulysse, épuisé, se laisse tomber évanoui sur le sable du rivage.

Cependant, il reprend rapidement conscience et, se souvenant de l'ordre de la néréide à qui il doit la vie, il détache sa ceinture d'algues et la jette derrière lui dans les flots, sans retourner la tête. Puis il se penche et baise la terre, cette mère sacrée des hommes.

Peu à peu le souffle lui est revenu, mais avec l'aurore, un brouillard humide s'élève le long du fleuve, un vent froid court sur la chair du naufragé.

— Je ne puis rester ici, se dit Ulysse. Je vais monter sur ce petit coteau qui se dresse au-dessus du fleuve. J'aperçois là deux oliviers entrelacés. Ils me garantiront à la fois du froid et des animaux sauvages.

Quelques instants plus tard Ulysse, après avoir rassemblé de ses mains un vaste amas de feuilles, s'y étend et ramène sur lui la couche dorée et épaisse. Les rameaux des deux arbres se mêlent si étroitement au-dessus de son front que la plus forte pluie ne pourrait s'y faire jour. C'est comme un berceau que la terre a fait croître pour protéger l'homme. Et le

Sommeil, ce vainqueur des êtres, agite doucement ses pavots sur les yeux qui se ferment.

Mais tandis qu'Ulysse, étendu sous le doux ombrage de l'arbre de paix dort profondément, Minerve ne reste pas inactive.

Elle a sauvé le héros auquel elle s'intéresse, il faut maintenant le faire rentrer dans sa patrie et lui susciter des intérêts, des dévouements. Elle vole, légère, jusqu'aux murs de la capitale des Phéaciens. C'est à ce peuple qu'appartient le rivage où a abordé Ulysse. Son roi s'appelle Alcinoüs.

C'est un homme sage et vénérable, préoccupé du bonheur de ses sujets. Il a pour femme la noble Arété qui par son origine descend, dit-on, du dieu Neptune. Et il semble qu'en effet quelque chose de divin émane de cette reine au front altier et serein. Ses enfants portent tous cette marque de surhumaine noblesse, et la jeune Nausicaa est bien la plus belle, la plus douce, la plus touchante princesse que l'on puisse rêver.

Minerve s'est penchée au chevet de Nausicaa qui dort, un de ses bras blancs replié sous le flot doré de ses cheveux ; un sourire de joie et d'espoir flotte sur ses lèvres roses. Son père va la marier bientôt à un noble Phéacien et la pensée de l'union qui s'approche pour elle remplit le cœur de la jeune fille d'allégresse printanière.

Minerve a soufflé sur ce front candide, et un rêve s'éveille dans l'esprit de Nausicaa. Il lui semble que sa plus chère amie, la fille de Dymas, s'est assise auprès d'elle et lui dit d'un ton de reproche :

— Que tu es indolente, Nausicaa ! Regarde : tous tes plus beaux vêtements, tes voiles, tes tuniques, tes ceintures sont fanés et ternis. Et pourtant, bientôt luira le jour où tu devras te faire belle pour entrer dans la maison d'un époux. Ne souffriras-tu pas de voir tes parents et tes amies froncer le sourcil devant ton manque de coquetterie et ta négligence ? Lève-toi bien vite ; demande à ton père un de ses chars, tu y déposeras tes vêtements et tes parures et tu le mèneras au bord du fleuve. Tes suivantes et moi-même nous t'aiderons à y laver toutes ces étoffes salies.

Nausicaa se frotte les yeux et se dresse sur son séant en regardant autour d'elle. Mais hormis son chien fidèle qui, au mouvement qu'elle fait, s'éveille et bâille, il n'y a personne dans sa chambre.

— Que je suis sotte ! pense la jeune fille en riant, je croyais vraiment qu'Amyra m'avait parlé. Ce n'est qu'un rêve. Cependant, il dit vrai : ce voile a perdu sa blancheur d'antan et cette ceinture son éclat. Je devrais bien les laver dans le fleuve.

Nausicaa saute sur ses pieds et s'habille rapidement. Elle traverse d'un pas agile les appartements du palais pour demander à ses parents leur assentiment à son projet.

— Que veux-tu, chère fille ? dit Alcinoüs en voyant Nausicaa l'aborder d'un air timide. Parle vite, les chefs des Phéaciens m'attendent pour le conseil.

Le doux sourire de la reine, assise au milieu de ses femmes, le fuseau à la main, encourage affectueusement Nausicaa.

— Père chéri, dit-elle en pressant sur sa bouche les doigts paternels, ne veux-tu pas ordonner qu'on me prépare un de tes grands chars ? Nos vêtements ont perdu leur lustre, j'irai les laver au fleuve. Il est bien nécessaire que tes tuniques et celles de mes frères soient brillantes et nettes. C'est à moi de m'occuper de ce soin. Mes robes aussi sont ternies. Tu ne voudrais pas que l'on puisse accuser ta fille de négligence.

Bien que Nausicaa n'ait pas fait mention de son prochain mariage, Alcinoüs comprend que cette pensée n'est pas étrangère au soin que la jeune fille apporte à sa toilette. Il sourit et caresse doucement le frais visage levé vers lui.

— Fais comme il te plaît, chère fille, lui dit-il. Loin de te désapprouver, je t'engage à paraître belle. Cela est indispensable à ton âge comme à ton sexe. Mes serviteurs vont te préparer le grand char que tu souhaites.

Nausicaa, souriante et rougissante, appelle alors ses suivantes. Le char attelé de mules blanches, au pas rapide, est amené ; on le charge des vêtements, et la reine Arété y dépose en outre une urne remplie de vin, des aliments et une fiole d'or pleine d'une essence odorante pour que sa fille et ses compagnes puissent se parfumer après le bain qu'elles vont prendre. Nausicaa monte sur le char, prend les rênes de pourpre et aiguillonne ses mules qui partent au grand trot. Derrière la princesse, ses jeunes suivantes hâtent le pas. On croirait voir, dans un ciel de printemps, passer un vol de blanches colombes.

Arrivées au bord du fleuve, les jeunes filles dételent les mules et les laissent paître sur les rives herbeuses. Puis elles s'appliquent à leur tâche, tout en chantant et en riant. Sous le claquement des battoirs, le linge et les tuniques étincellent de blancheur. Quand ils sont déposés sur les cailloux du rivage, le soleil est déjà haut et ses rayons sont chauds.

— Tandis que tout ceci sèchera, fait Nausicaa à ses femmes, baignons-nous ; ensuite nous prendrons notre repas, puis nous nous amuserons à notre gré.

Les jeunes filles obéissent avec de petits cris de joie et pendant une heure elles jouent à se poursuivre dans l'eau transparente du fleuve. Elles s'installent ensuite sur la rive et font honneur aux provisions de la reine. Nausicaa est gaie et enivrée de liberté, d'espace, de lumière. Elle jette à ses compagnes un ballon que chacune d'elles relance à son tour. C'est à qui enverra le plus loin la sphère légère et bondissante. Nausicaa dépense toute sa force ; le ballon passe au-dessus des mains tendues vers lui et roule jusque dans le fleuve.

Les jeunes filles ont poussé un tel cri de désappointement que celui-ci vient frapper les oreilles d'Ulysse au milieu de son sommeil même.

— Qu'est-ce ? fait-il en se dressant d'un bond. Qui a parlé ? qui a crié ? Sont-ce les nymphes des montagnes, des fleuves ou des prés ? Ou ai-je entendu le son d'une voix humaine ?

Il s'est levé et soulève les branches qui le cachaient aux yeux des jeunes filles.

Une exclamation apeurée retentit à sa vue. Les suivantes de Nausicaa, saisies d'épouvante en apercevant cet homme nu, couvert d'écume et de sable, fuient et se cachent derrière les buissons du rivage.

Seule, Nausicaa est demeurée immobile. Son âme ne connaît pas la peur. Elle regarde Ulysse avec une fierté et une dignité telles que le héros n'ose s'approcher.

— Déesse, dit-il avec respect, je crois voir en toi Diane, la fille du grand Jupiter. Pardonne donc à un mortel d'oser t'adresser la parole. Mes malheurs sont mon excuse. Depuis tant de jours je lutte contre la tempête et l'effroyable chaos de la mer que la contemplation de ta beauté me plonge dans l'enchantement et me donne l'audace de te regarder, de te parler. Déesse, je te promets en sacrifice mes plus beaux chevreaux si je foule de nouveau le sol de ma patrie.

Nausicaa est flattée de l'hommage de cet inconnu dont le ton respectueux et courtois lui prouve qu'elle a affaire à un suppliant et non à un audacieux malfaiteur. Elle sourit.

— Je ne suis pas une Immortelle, dit-elle vivement. Mon nom est Nausicaa et je suis fille d'Alcinoüs qui règne sur les Phéaciens.

— Princesse, fait aussitôt Ulysse, ne m'en veuille pas de mon erreur. Qui ne t'aurait pris pour une déesse ? Mais puisque j'ai abordé sur ce sol qui appartient à ton père, souffre que je t'implore. Je suis étranger et malheureux, daigne m'indiquer le chemin de la ville, daigne me donner une de ces tuniques étendues sur le rivage afin que j'ose m'approcher de mes semblables. Et que les Dieux t'accordent l'époux aimant que méritent ton cœur et ta beauté.

Nausicaa a appelé ses compagnes et leur a commandé de donner à Ulysse des vêtements, des aliments et du vin.

Ulysse reçoit tous ces présents avec joie. Il se plonge dans le fleuve avant de revêtir la riche tunique, don de la princesse, puis, s'asseyant sur le rivage, il boit et mange avec délice.

Les jeunes filles le regardent avec curiosité et elles admirent sa haute stature, la noblesse de son maintien, l'auréole sombre que met autour de son visage énergique et majestueux la masse de ses cheveux noirs et bouclés.

Tandis que ses suivantes plient les vêtements lavés, en chargent le char et rattellent les mules, Nausicaa s'approche doucement d'Ulysse :

— Étranger, dit-elle, tu me demandais tout à l'heure de te montrer le chemin de la ville de mon père, tu n'as qu'à me suivre, car le soleil s'abaisse sur la mer et il me faut rentrer au palais. Présente-toi sans crainte à mon père. Jamais Alcinoüs n'a méprisé une prière ni écarté un suppliant, mais, je te le recommande, adresse-toi aussi à ma mère car ses avis sont toujours écoutés et suivis par le roi, tant ils sont sages. Tu la trouveras sous le portique de notre palais, sur un trône adossé à une colonne, maniant son fuseau. Jette-toi à ses genoux. Conte-lui tes malheurs, mais si l'on ne t'interroge pas, ne dis rien de notre rencontre. Je ne sais si les jeunes filles de ton pays peuvent, sans que leur réputation en souffre, parler avec un homme que ses parents ne lui ont pas présenté. Ici, si l'on nous voyait nous entretenir, on n'aurait pas de traits assez mordants pour critiquer ma conduite et les plus humbles matelots du port ne m'épargneraient pas leurs moqueries. C'est pour cela que, avant d'arriver à la ville, près d'un bocage de peupliers qui entoure une fontaine consacrée à Minerve, tu t'arrêteras et tu nous laisseras prendre les devants. Car nul ne doit soupçonner la fille d'Alcinoüs.

— Princesse, fait Ulysse en se courbant avec respect, j'aimerais mieux mourir que d'être cause qu'on puisse porter un mauvais jugement sur le plus noble caractère et le plus doux cœur qui soient sur la terre. Je suivrai tes recommandations religieusement.

Nausicaa lui sourit et saute sur son char. Elle touche du fouet ses mules qui partent au pas. Les suivantes de la princesse marchent des deux côtés du char, et Ulysse suit à une distance respectueuse.

— Adieu, Étranger, dit doucement Nausicaa en arrivant au bocage consacré à Minerve, que la fille de Jupiter te protège. J'ai fait pour toi ce que j'ai pu.

Ulysse laisse s'éloigner les jeunes filles. Il élève son cœur plein de reconnaissance vers sa divine protectrice. Car c'est elle, il n'en doute pas, qui a mis sur son chemin la charmante Nausicaa. Puis, fortifié, le cœur rempli d'espoir, il entre à son tour dans la ville des Phéaciens.

Au premier passant qu'il rencontre, il demande le palais d'Alcinoüs. On le lui indique. Il traverse la ville, longe les ports, admirant au passage le nombre et la taille des navires, la belle symétrie des quais, la gaieté de la foule qui s'active autour des marchands étrangers.

NAUSICAA AUX BRAS BLANCS

Et Ulysse suit à une distance respectueuse. (Page 156.)

La prospérité de la ville de Schérie fait reporter Ulysse par la pensée à la simplicité patriarcale de son île aride et il soupire à sentir Ithaque si loin de lui encore. Mais bientôt le palais d'Alcinoüs retient toute son attention.

Rien de plus somptueux que ces murs d'airain aux corniches d'un métal azuré, aux portes d'or entourées de pilastres d'argent. D'admirables statues de lions faits des plus précieux métaux semblent garder le seuil, rangés qu'ils sont sur les degrés de marbre.

Dans l'intérieur du palais se trouve une salle immense parée de trônes et de sièges recouverts de broderies éclatantes. Des tables chargées de vaisselle d'argent et d'or plient sous la quantité de mets et d'urnes de vins savoureux. Des statues dorées tenant des torches sont placées tout autour de la salle. Des tapis de laines soyeuses de diverses couleurs couvrent les dalles. Partout éclatent l'art et l'ingéniosité des Phéaciennes qui, sous la conduite de la reine Arété, brodent, tournent le fuseau et font voler la navette avec une habileté merveilleuse. Le palais est entouré de spacieux jardins remplis d'arbres fruitiers, de doux ombrages, de fontaines chantantes. D'immenses prairies, à perte de vue, semblent faire sortir d'un tapis d'émeraude ce palais de féerie.

Ulysse, le cœur battant, passe au milieu de toutes ces merveilles, il cherche de l'œil la reine Arété, court à elle et se jette à ses pieds. D'un accent suppliant il lui demande d'avoir pitié d'un malheureux qui, depuis de longues années, a été séparé des siens et de son pays par le destin contraire. Tourné vers Alcinoüs qui l'écoute d'un air grave en caressant sa longue barbe grise, il lui adresse une semblable prière.

— Étranger, dit enfin le roi avec bonté, relève-toi, je t'ai entendu et s'il ne tient qu'à moi de finir ta misère, avant peu tu reverras ta patrie et ta famille.

Prends place à côté de moi et sois mon hôte. Voici bientôt l'heure du sommeil. Demain nous tiendrons conseil pour savoir quelle est la meilleure route pour te ramener rapidement dans ta patrie. Princes des Phéaciens, ajoute-t-il en se tournant vers les chefs et les puissants de l'île assis autour de lui, demain, en l'honneur de notre hôte, nous offrirons des sacrifices aux Dieux, des jeux et des festins.

Sur un signe d'Alcinoüs le palais se vide et Ulysse reste bientôt seul avec le roi et Arété.

— Étranger, dit la reine qui depuis l'entrée d'Ulysse n'a cessé de l'examiner, permets, puisque nous sommes seuls, que je t'interroge. Dis-nous ton nom, ton pays, mais dis-moi aussi comment ces vêtements, que je reconnais pour les avoir tissés moi-même, sont en ta possession.

— Je suis un naufragé, Reine, répond Ulysse en soupirant. Pendant sept années, conduit par la tempête dans l'île de la nymphe Calypso, j'ai été prisonnier de cette déesse. Et quand enfin par la volonté de Jupiter j'ai pu m'éloigner de cette île, une tempête plus formidable encore que celles que j'avais essuyées jusqu'alors m'a jeté à demi mourant sur les rivages de la Phéacie. Ta fille Nausicaa qui, à la beauté d'une déesse joint un cœur secourable aux malheureux, a daigné me ranimer et me donner ces vêtements. C'est elle qui m'a enseigné le chemin de ton palais. Ne sois pas courroucée contre elle si elle a eu pitié d'un pauvre naufragé.

— Nous connaissons le cœur de Nausicaa, fait en souriant Alcinoüs, mais pourquoi n'est-ce pas ma fille qui t'a conduit elle-même jusqu'ici ?

— Nausicaa est sage autant que belle, répond gravement Ulysse. Elle a craint la calomnie, ou même la simple médisance qui peut ternir la réputation d'une jeune fille.

— Aucun reptile n'aurait pu s'élever contre ce beau lis, fait Alcinoüs. Il est des candeurs qui désarment les plus perfides. Mais, va dormir, étranger. Je suis heureux que mon palais t'abrite ce soir. Que je voudrais pouvoir donner ma fille à un compagnon au regard aussi loyal que le tien !

— Béni sois-tu, Alcinoüs, fait Ulysse en se courbant sur la main du roi. Je ne puis prétendre à l'honneur d'être ton gendre, mais j'ai espoir que le père des Dieux a choisi pour ta Nausicaa un époux digne d'elle.

CHANT IV

LE RÉCIT DU VOYAGEUR

LE LENDEMAIN, dès le lever de l'aurore, le palais d'Alcinoüs retentit d'un bruit joyeux. Le peuple s'assemble en foule sur la place publique où ont été élevés des trônes pour le roi, les princes, les puissants de l'île et l'hôte inconnu que la tempête a amené en Phéacie.

Un sacrifice solennel aux Dieux commence cette journée de fête, puis un grand festin réunit les joyeux convives. Un barde aveugle, s'accompagnant d'une lyre, vient se faire entendre. Et Ulysse frémit d'émotion, car dans ce chant qui célèbre la gloire immortelle des héros vainqueurs de Troie, retentissent les noms familiers à l'oreille du roi d'Ithaque : Agamemnon, Achille, Ménélas. Et le voilà lui-même, lui ce sagace Ulysse aux prudents conseils. À travers les strophes du poème lyrique renaissent pour lui tant d'événements tragiques dont il souffre encore dans sa chair et dans son cœur. Et tandis qu'autour de lui, charmés par le talent du chanteur, les convives d'Alcinoüs applaudissent à grand bruit, Ulysse, cachant son visage dans son manteau, soupire et pleure.

Alcinoüs s'est aperçu de l'émotion de son hôte.

— Cesse ton chant harmonieux, barde, dit-il, et reçois la récompense qui t'est due. Il est temps à présent d'ouvrir la lice aux jeux de force et d'adresse afin que cet étranger, de retour dans sa patrie, puisse raconter aux siens combien nos jeunes gens se distinguent au pugilat, à la lutte, à la danse et à la course.

Le roi a fait un geste, les trompettes sonnent et les jeux commencent. Les Phéaciens rivalisent de vigueur, de rapidité et d'adresse et Ulysse suit avec intérêt leurs prouesses d'athlètes. Naguère n'était-il pas regardé comme le plus agile et le plus fort des Grecs ? Il admire la souple cadence des danseurs, le pas élastique et long des coureurs rivaux.

Un jeune Phéacien ose le provoquer et le mettre au défi d'entrer lui aussi dans la lice.

— Sans doute, lui dit-il d'un ton moqueur, as-tu passé toute ta vie sur les bancs d'un navire ; tu t'es occupé de trafic et tu n'as jamais paru dans une arène, puisque tu peux nous voir lutter devant toi sans te joindre à nous.

Ces paroles font bondir Ulysse. Il se met aussitôt sur les rangs des lanceurs de disque et de javelot et aux acclamations des Phéaciens, il prouve à son audacieux insulteur que son bras est bien celui d'un guerrier et non d'un marchand.

C'est à qui, parmi les chefs phéaciens, s'ingéniera alors à témoigner à Ulysse estime et admiration. Chacun le presse de recevoir un présent en souvenir de ses victoires et de son séjour en Phéacie. Et malgré les refus du héros, des tissus précieux, des armes, de l'or même sont apportés dans le navire qu'Alcinoüs a fait apprêter pour son hôte et sur lequel celui-ci doit prendre la mer au coucher du soleil.

Alcinoüs a interrompu les jeux ; l'heure s'avance et le roi veut recevoir à sa table tous ceux qui se sont signalés dans les différentes luttes. Il a placé Ulysse à sa droite.

— Te plairait-il, étranger, lui demande-t-il alors, d'entendre la suite des chants que le barde nous a dits ce matin ? Il ne nous a narré que le commencement du fameux siège de Troie, nous en saurions la fin. Peut-être, depuis le temps où tu vis sur une île, loin des hommes, ignores-tu ce qui s'est passé sur les rives asiatiques et quelle gloire ont acquis certains héros des Grecs ?

Ulysse rougit, sa modestie ne peut l'empêcher de s'avouer que cette fin de Troie, c'est son œuvre surtout à lui, c'est sa patiente ruse qui a donné le triomphe à l'armée des Grecs. Le front dans la main, la gorge serrée par l'émotion, il écoute la voix sonore du barde :

« L'intrépide Ulysse est entré dans les flancs du cheval de bois. Et autour de lui, soutenus par son exemple, les guerriers se sont assis. Ils retiennent leur souffle et la main sur le glaive, ils attendent dans le silence et l'obscurité. Ils attendent. Les Troyens ont introduit le cheval dans leur ville. Pauvres fous ! S'imaginent-ils que vraiment l'armée des Grecs s'est embarquée sans espoir de retour ? "Jetons ce cheval du haut des murailles !" dit l'un. "Perçons-le de nos glaives !" propose un autre. Quelles sont alors les pensées d'Ulysse et des braves enfermés avec lui et frôlés par la mort ?... »

— Étranger, fait à ce moment Alcinoüs en saisissant la main tremblante d'Ulysse, pourquoi ces larmes sur ton visage ? Déjà, ce matin, je t'ai vu pleurer la mort d'Achille. Quelqu'un de tes parents a-t-il péri lors de ce fameux siège ?

Ulysse se lève, et simplement :

— Roi, fait-il, je suis cet Ulysse qui ne craignit pas la mort sans gloire dans les flancs ténébreux d'une machine, lui, le guerrier ami des éclats d'acier dans le soleil et des courses dans le libre espace. Je suis cet Ulysse connu par ses stratagèmes mais aussi par sa fidélité à l'amitié, par son dévouement à la patrie.

Des cris d'étonnement éclatent de toutes parts. Chacun se presse autour du héros. On veut le voir, l'entendre, le toucher. Alcinoüs, les yeux humides, le presse sur son cœur.

— Un secret penchant m'attirait vers toi, lui dit-il. Je sentais que ce naufragé jeté nu sur mes rives s'apparentait aux Immortels. Trois fois béni soit le jour où tu as franchi ce seuil et où ma Nausicaa a souri au suppliant. Mais dis-nous quelle suite d'aventures funestes t'ont tenu si longtemps éloigné de ta patrie. Nous avons hâte de les entendre afin de nous mieux réjouir avec toi de leur heureuse fin.

— Alcinoüs, et vous, Phéaciens, dit Ulysse, puisque vous le souhaitez, voici le récit de mon voyage. Vous savez, pour l'avoir entendu chanter par les aèdes, qu'après la conquête de Troie la discorde se mit entre les Grecs. Je pris le large avec une partie de ceux-ci tandis que les autres demeuraient encore sur les bords troyens, sous les ordres de l'Atride.

« Le vent me porta tout d'abord sur les côtes des Ciconiens. Nous prîmes d'assaut Ismare où nous trouvâmes de quoi augmenter le butin que nous rapportions d'Asie.

J'aurais voulu quitter ces lieux aussitôt, mais mes guerriers s'entêtèrent à y demeurer, et jusqu'à l'aube, ils se livrèrent aux plaisirs du festin. Les Ciconiens, eux, s'étaient repris. Durant la nuit, ils réunirent les habitants des villes et des îles voisines et quand vint l'aurore ils fondirent sur nous en un tel nombre qu'après avoir combattu tout le jour et essuyé de grandes pertes, nous fûmes trop heureux de nous jeter sur nos vaisseaux et de nous enfuir.

Nous quittions la bataille, nous trouvâmes la tempête. Après des nuits de lutte fatigante contre les flots, le vent nous poussa dans une rade. Hélas ! à peine y étions-nous entrés que je n'eus plus qu'un dessein, en sortir. C'était là le pays des Lotophages, gens de mœurs paisibles et qui se nourrissent uniquement d'une plante fleurie qui croît sur les étangs et les lacs ; cette plante a cette propriété étrange de faire tout oublier à ceux qui l'absorbent. Quelques-uns de mes guerriers en mangèrent, malgré mes conseils de prudence ; et aussitôt le nom même de leur patrie disparut de leur mémoire. Je dus les entraîner de force à bord de nos navires et, profitant d'une saute de vent, nous nous éloignâmes au plus vite de ces terres dangereuses.

Mais ce fut pour être porté vers un danger plus effroyable. La côte où nous abordâmes avant le coucher du soleil était l'île des Cyclopes. Jamais terre plus heureuse d'aspect n'a paru sous le soleil. Sans travaux, les champs se couvrent d'orge, de blé, de vignes, ce peuple de géants semble compter uniquement sur les Dieux pour le nourrir.

Nos vaisseaux s'étaient abrités dans l'anse d'une petite île giboyeuse qui se trouve à côté de la terre des Cyclopes.

— Allons en reconnaissance, fis-je à mes compagnons, et voyons ce que sont les peuplades qui habitent la grande île, car il nous faut refaire nos provisions d'eau, de viande et de fruits. Nous saurons s'il nous est possible de nous livrer à cette besogne sans avoir à combattre.

Je choisis parmi mes guerriers douze des plus déterminés et un secret pressentiment me fit emporter avec nous une outre remplie d'un vin exquis au parfum digne de l'Olympe. Je comptais sur ce présent rare pour nous gagner les bonnes grâces du roi de l'île.

À peine avions-nous débarqué que j'aperçus une grotte spacieuse précédée d'un vaste enclos. Des bêlements nombreux s'en élevaient.

— C'est là une bergerie, fis-je à mes compagnons, si nous pouvons décider son possesseur à nous vendre du lait, des fromages, des moutons et des chevreaux, nous aurons des provisions pour longtemps.

Et nous entrons dans l'enclos, puis dans la grotte. L'ordre le plus parfait y régnait et l'on voyait que le pasteur prenait grand soin de ses bêtes. Mais nulle présence humaine ne se trouvait au milieu du troupeau.

— Profitons-en, me dirent mes guerriers. Prenons les bêtes les plus grasses, les plus lourdes corbeilles de fromage et regagnons vite notre vaisseau pour rejoindre nos compagnons dans l'anse de l'île.

— Nous ne sommes pas des voleurs, fis-je en fronçant les sourcils. Attendons le retour du pasteur pour traiter avec lui.

J'avais à peine achevé ces mots qu'une ombre énorme s'interposa entre le soleil et le seuil de la grotte. Je me retournai : un géant haut comme un chêne et dont le visage épouvantable s'éclairait d'un seul œil nous regardait sinistrement. Je réprimai le frisson d'horreur qui m'avait saisi, et, le saluant :

— Au nom des Dieux, lui dis-je, daigne nous accueillir avec bienveillance. Nous sommes des Grecs et nous venons de la ville de Troie qu'avec l'aide de Jupiter nous avons réduite en cendres. Nous rentrions dans notre patrie, quand les vents contraires nous ont jetés sur cette terre qui nous est inconnue. Nous sommes entrés ici par hasard et nous attendions ta venue pour...

— Ah ! ah ! ah ! fit le Cyclope avec un ricanement effroyable qui éveilla de terrifiants échos dans la caverne. Je sais bien pourquoi vous m'avez attendu. C'est pour me changer de ma nourriture ordinaire. Cela se trouve bien car je me sens affamé.

Et avant que nous eussions pu faire un mouvement, obstruant l'entrée de la grotte par un énorme rocher, il étendit ses mains sur deux de mes compagnons, les écrasa entre ses doigts et les croqua en deux bouchées. Je poussai un cri lamentable.

— Stupide étranger, me dit-il avec dédain, tu ne connais pas les Cyclopes pour venir leur parler ainsi des Dieux. Ce sont là des fantasmagories bonnes tout au plus pour vous autres hommes.

Et nous tournant le dos, il se livra avec attention aux soins du troupeau.

J'avais mis la main sur mon glaive, mais que pouvais-je, même aidé des miens, contre ce géant si prodigieusement fort ?

— Je l'attaquerai, fis-je à mes guerriers atterrés, mais seulement quand il sera endormi.

Hélas ! la nuit entière se passa sans trouver l'occasion que j'attendais. Le Cyclope, son œil unique constamment au guet, se dressait sur sa couche au moindre de nos mouvements. Le matin, au réveil, j'eus la douleur de le voir saisir et manger encore deux de mes compagnons.

— À ce soir, nous dit-il avec un ricanement. Et, poussant son troupeau devant lui, il sortit.

Je ne puis vous dire quelle horreur et quelle tristesse s'étaient emparées de nous. Nous étions prisonniers et la mort la plus atroce nous attendait. Je regardai autour de moi avec angoisse quand mes yeux rencontrèrent l'outre pleine de vin.

— Courage ! fis-je à mes guerriers, j'ai trouvé le moyen de causer chez ce monstre le sommeil profond que j'attendais, mais je voudrais une autre arme que ce glaive, trop court à mon gré. Cherchons.

Je ne fus pas long à trouver dans le fond de la grotte un tronc d'olivier que le géant avait abattu pour lui servir de massue. Il était grand comme un mât de navire. Nous passâmes notre journée à l'équarrir et à l'épointer. Quand le Cyclope rentra, le soir venu, j'allai audacieusement au-devant de lui :

— Je ne t'ai pas dit, criai-je pour que ma voix parvînt à ses oreilles, que nous avons rapporté de nos voyages une liqueur merveilleuse qui te sera plus agréable que le sang humain. Le soleil t'a donné soif. Goûte ce vin et tu reconnaîtras toi-même après cela qu'un tel présent vaut que tu nous accordes la liberté et la vie.

— Donne, fit le géant en s'asseyant. J'aime le vin. La terre des Cyclopes en produit. Je te dirai si le tien est meilleur que celui de notre île.

Je lui présentai l'outre, il la souleva jusqu'à ses lèvres et en but plusieurs gorgées. Son œil étincelait.

— Jamais je n'ai rien bu d'aussi bon, avoua-t-il. Comment t'appelles-tu, mon ami ?

— Personne, répondis-je, voilant mon ironie sous un accent de politesse.

— Eh bien, mon petit Personne, reprit le géant qui se mit à rire, tu seras le dernier que je dévorerai ; ce sera ta récompense pour ton présent. Que ce vin est donc délicieux !

Je ne répondis pas, mon cœur battait d'espérance, car je voyais l'ivresse empourprer ce front et trembler dans cette voix.

Quelques instants plus tard, le géant dormait et ses ronflements remplissaient la caverne.

— À l'œuvre ! dis-je tout bas à mes compagnons frissonnants.

Nous nous attelâmes à cinq à la poutre d'olivier, et nous posâmes le bout épointé dans un brasier fait de branches allumé à la hâte. Quand il fut rouge, nous nous dirigeâmes avec précautions vers la tête du monstre. Je fis un signe et, d'un même mouvement de nos bras raidis, le pieu fut enfoncé dans l'œil du Cyclope.

Celui-ci se mit à pousser des hurlements si épouvantables que la campagne en retentit au loin. D'autres Cyclopes, éveillés par les cris, accoururent aussitôt. Nous nous étions jetés, mes compagnons et moi, au milieu du troupeau, à l'abri des mains tendues et désespérées du géant.

— Qu'y a-t-il, Polyphème ? demandèrent les Cyclopes. Quel malheur t'est-il arrivé ? Tu nous as réveillés en sursaut. Qui te tourmente ?

— Hélas, mes amis, "Personne", leur répondit en gémissant le géant, du fond de son antre. "Personne".

— Personne ! s'écrièrent avec indignation les géants. Quoi, tu nous alarmes, tu nous déranges en pleine nuit, et personne ne t'a rien fait. Tu ne nous abuseras pas davantage.

Un lourd piétinement nous apprit alors que les géants se retiraient et je me réjouis au fond de mon cœur de l'idée subite qui m'avait fait prendre ce nom de "Personne".

Le Cyclope eut beau crier et appeler, vouloir expliquer ses paroles, pas un de ses voisins ne revint vers la caverne. Alors Polyphème n'eut plus qu'une pensée : se venger de ce "Personne" qui l'avait aveuglé. Nous l'entendîmes maugréer parmi ses gémissements. Il se leva, marcha à tâtons jusqu'à son seuil, écarta la lourde roche qui servait de porte et s'assit de façon que ses grands bras pussent saisir ceux qui voudraient tenter de sortir en même temps que son troupeau.

J'eus vite pris un parti : le Cyclope allait mener ses bêtes au pâturage, il ne fallait pas nous laisser emprisonner de nouveau. J'attachai trois à trois de robustes béliers et sous celui du milieu je fixai un de mes compagnons en lui recommandant de se faire aussi petit que possible.

Tous ces préparatifs nous occupèrent jusqu'à l'aurore, et lorsque le Cyclope appela ses bêtes au-dehors, je n'avais pas eu le temps de songer à ma propre sûreté. Heureusement, le bélier conducteur du troupeau était grand et fort. Je me glissai sous son ventre, et empoignant à pleines mains les grandes boucles de sa toison, je me suspendis à lui. Le Cyclope, tout en gémissant, tâtait de la main le dos des béliers, des chèvres et des brebis qui passaient devant lui. Comme celui qui me portait sortait le dernier, il l'arrêta.

— Bélier, lui dit-il, est-ce l'ennui de voir ton maître ainsi blessé qui te fait sortir le dernier, toi qui d'habitude, gambades le premier au-devant du troupeau. Ah ! si tu pouvais parler, tu me dirais dans quel coin de ma caverne se sont cachés le misérable Personne et ses compagnons. Oh ! l'écraser, entendre ses cris, cela me soulagerait un peu.

Durant ces paroles, j'avais peine à m'empêcher de trembler. Je sentais les énormes mains du géant passer sur l'échine velue. Enfin je respirai. Polyphème lâcha le bélier et celui-ci, rejoignant le reste du troupeau, se mit à paître l'herbe d'une prairie. Mes compagnons et moi, nous sautâmes sur nos pieds et sans perdre un instant, poussant devant nous les plus beaux béliers et les plus grasses brebis, nous fûmes bientôt arrivés à notre vaisseau sur lequel nous embarquâmes sans perdre de temps.

Tandis que, d'un coup d'aviron, je détachai la barque du rivage, je me mis à crier de toutes mes forces :

— Polyphème, détestable monstre, tes victimes t'ont échappé. Tu as manqué aux devoirs de l'hospitalité, mais la punition que tu en as reçue t'accompagnera toute ta vie. Dis-toi bien que celui qui t'a plongé dans la nuit est Ulysse, roi d'Ithaque.

Un hurlement me répondit. Le géant avait perçu mes premiers mots et, en chancelant, il s'était dirigé vers le rivage. Là il se baissa, ramassa un énorme fragment de roc et le lança dans la direction d'où venait ma voix, avec tant de justesse qu'il s'en fallut de peu que notre barque ne fût fracassée.

— Ô Neptune, mon père, se mit à crier Polyphème quand nos rires dédaigneux lui eurent appris qu'il avait manqué son coup, ne permets pas qu'un mortel se rie de ton fils. Que ce misérable Ulysse n'imprime jamais son pied dans la terre natale, je te le demande, dieu terrible à la noire chevelure.

Notre barque était déjà dans l'anse de l'île verdoyante où nous attendaient nos amis que les hurlements et les imprécations de Polyphème nous poursuivaient encore. Nous fîmes des sacrifices aux Dieux pour les remercier de nous avoir sauvés et pour leur demander un prompt retour dans Ithaque. Mais Neptune ne fut pas touché de nos prières, et c'est sa vengeance qui nous a poursuivis si longtemps. »

CHANT V

TOUJOURS EN PÉRIL

CE FUT au royaume d'Éole que nous abordâmes quelques jours plus tard. L'accueil qui nous fut donné et les présents que nous reçûmes de ce roi, ami des Dieux, auraient dû nous accorder sans plus de revers le bonheur de revoir notre Ithaque. Mais les hommes sont trop souvent les instruments de leur propre malheur.

Éole s'était montré pitoyable aux vicissitudes de notre navigation. Il voulut m'aider de tout son pouvoir à la poursuivre heureusement.

— Jupiter m'a fait gardien des vents, me dit-il. Je vais emprisonner dans cette grande outre tous les vents orageux donneurs de tempête et je ne laisserai en liberté que celui qui part de l'occident. Il te mènera sûrement ainsi dans ta patrie. Mais ne dis rien de mon présent à tes compagnons.

Hélas ! j'aurais mieux fait peut-être de mettre ceux-ci au courant du don que j'avais reçu, car la curiosité leur fit ouvrir l'outre pendant mon sommeil. Et croyant trouver là quelque précieuse matière d'or ou d'argent, ils déchaînèrent les vents prisonniers. Une tempête effroyable s'éleva aussitôt, nos vaisseaux furent rejetés sur les côtes d'Éole, dans le port que nous venions de quitter.

— Tu es maudit des Dieux, fit le roi quand, me jetant à ses pieds, je lui narrai les funestes résultats de mon sommeil. Je t'ai cru malheureux seulement, mais je vois bien que tu es en exécration aux Immortels. Va-t'en d'ici.

Nous dûmes repartir, inquiets et las. Les vents semblaient morts et les vaisseaux n'avançaient qu'à la rame. La mer était comme bourbeuse et le silence infini qui montait de ses flots et descendait des cieux pesait lourdement sur nos cœurs, en mauvais présage.

Notre première halte fut malheureuse en effet, car nous nous étions arrêtés dans l'île des Lestrygons, géants rapaces et cruels, et mon vaisseau échappa avec les plus grandes difficultés au carnage qu'ils firent de toute notre flotte. Pleurant nos amis, nous nous enfuîmes à force de rames.

Au bout d'une quinzaine de jours de cette même navigation lente et lassante, nous abordâmes à une île verdoyante où chantaient des ruisseaux argentés. Nos provisions et nos forces étaient épuisées, et ce fut avec soulagement que nous sautâmes sur le sable. Mais je décidai d'agir prudemment, afin de ne pas recommencer la funeste aventure du Cyclope.

Je me dirigeai vers une haute montagne dont les dernières pentes descendaient jusqu'à la mer. Arrivé là, je regardai attentivement autour de moi, cherchant les fumées d'un village. Une immense forêt occupait l'île entière. Au centre s'élevaient des toits dorés qui semblaient les gardiens de toute cette verdure. Je revins en hâte vers mes compagnons.

— J'aperçois un grand palais au milieu de la forêt, leur dis-je, mais n'oublions pas les dangers que nous venons de traverser. Partageons-nous en deux troupes. Je commanderai la première, et Euryloque l'autre. Nous allons tirer au sort pour savoir laquelle ira à la découverte.

Ce fut Euryloque qui partit, à la tête de vingt-deux de nos guerriers. En regardant combien s'étaient restreintes les troupes que je commandais, au départ de Troie, je ne pus retenir mes larmes. J'accablai Euryloque de recommandations, et je le suppliai de me faire tenir des nouvelles au plus tôt.

Puis, le cœur percé d'inquiétude, je m'assis sur le rivage. Les heures passèrent.

Soudain je me dressai en sursaut. Euryloque accourait : il était pâle et essoufflé.

— Noble Ulysse, me dit-il, je viens d'échapper à la mort. Mais nos compagnons, hélas...

— Parle ! m'écriai-je, haletant.

— Selon tes ordres, reprit-il, nous avons traversé la forêt. Devant nous, entre les arbres, se dressait un palais de marbre d'une blancheur éclatante et, couchées sous les taillis, insensibles à notre approche, les bêtes fauves écoutaient, comme fascinées. Nous l'étions autant qu'elles. Un chant merveilleux, sonore et doux, s'élevait du palais. Nous apercevions, par une fenêtre ouverte, la silhouette d'une femme penchée sur un métier à tisser. Une femme ? Qu'ai-je dit ? Une déesse plutôt. Son visage était aussi admirable que sa voix. Elle nous vit, elle se leva :

— Entrez ici, nous dit-elle. Venez vous reposer et vous récréer chez moi. Jamais nul mortel ne s'est approché de Circé sans oublier tous ses maux.

Pris d'un subit pressentiment, j'essayai en vain de retenir nos compagnons. Ni mes ordres, ni mes prières ne purent les empêcher de franchir le seuil du palais.

— Je vous attendrai, leur ai-je dit. Revenez vite.

Deux, trois heures ont passé et aucun d'eux n'a

reparu. Que sont-ils devenus ? Sont-ils morts ? Je suis accouru pour te prévenir.

— Partons à leur recherche, fis-je en prenant mon glaive et mon arc. Enseigne-moi le chemin, Euryloque.

— Non, Ulysse, je t'en prie, fit-il en se prosternant à mes pieds, n'affronte pas ce danger et ne m'oblige pas à te suivre. Fuyons plutôt avec les guerriers qui nous restent, car le courage n'a que faire ici contre l'enchantement et la magie.

— Je ne puis abandonner ainsi nos compagnons sans savoir ce qu'ils sont devenus, fis-je résolument. Demeure ici à ma place, Euryloque. J'irai seul.

Et avant qu'il eût pu recommencer ses supplications, j'entrai à grands pas dans la forêt.

Tandis que je marchais, suppliant les Dieux de me venir en aide, je sentis soudain à côté de moi une présence. Je me tournai : un jeune homme d'une beauté surhumaine me regardait en souriant. Ses pieds ailés d'or touchaient à peine la terre. Je compris que je me trouvai devant un Immortel et je me prosternai.

— Ulysse, me dit-il d'une voix mélodieuse, où vas-tu, téméraire ? Dans le palais de Circé, y subir la métamorphose de tes compagnons ? Sais-tu qu'ils ont été transformés en pourceaux par cette magicienne ? N'as-tu pas peur pour toi, de cet horrible avenir ?

— Dieu si doux qui portes aux talons de célestes ailes, ô Mercure, lui dis-je, je ne savais pas quel avait été l'affreux destin de mes compagnons de malheur, mais, comprends-moi. Je suis leur chef, je dois faire tous mes efforts pour les rendre libres. Seule la mort peut être plus forte que ma volonté.

Le dieu eut un sourire.

— Tu es courageux, Ulysse, je le sais, et si notre protection avait pu vaincre la colère de Neptune, depuis longtemps tu serais rentré dans ta patrie.

Mais ce que je ne puis sur l'onde m'est facile ici. Prends cette plante et mets-la dans ton sein. Les charmes et les breuvages de l'enchanteresse Circé seront sans effet contre toi. Obtiens d'elle, par un serment, de délivrer tes compagnons et de te donner les secours nécessaires à la continuation de ton voyage. Mais je te recommande, Ulysse, de garder ton cœur des enchantements de cette magicienne.

Je promis à Mercure de demeurer fort contre les charmes de Circé et prenant la fleur qu'il me tendait, je la plaçai contre mon cœur. Le dieu disparut aussitôt.

Quand j'arrivai à la porte du palais de la déesse, je compris l'enchantement qu'avaient éprouvé mes compagnons. Jamais voix plus harmonieuse n'avait retenti sur la terre. J'appelai Circé.

— Que veux-tu, mortel ? me dit-elle en paraissant sur le seuil. Désires-tu oublier tes maux ? Entre chez Circé.

Je lui obéis, mon cœur était plein d'une étrange tristesse. Cette voix si douce, ce divin sourire cachaient tant de duplicité ! Je serrai sur mon sein la plante protectrice.

— Assieds-toi, me dit tendrement la déesse, et prends ce breuvage. Il te rafraîchira de toutes tes fatigues passées.

À demi étendu sur un siège d'or aux moelleux coussins, je pris la coupe et je bus. Aussitôt Circé me frappa d'une baguette :

— Va, me dit-elle d'une voix sifflante, va dans l'étable fangeuse t'étendre auprès de tes compagnons.

Je me dressai, la main sur la poignée de mon glaive. Circé bondit en arrière, poussa un cri terrible et tomba à mes genoux en pleurant.

— Qui es-tu ? fit-elle d'un accent touchant. Quoi, tu as résisté à l'effet de ce breuvage ? Aucun homme

Je pris la coupe et je bus. (Page 177.)

ne l'a pu jusqu'ici. Mais je comprends. Tu es Ulysse, tu es le héros grec dont les Dieux m'ont, de tous temps, annoncé le venue. Repousse ton épée, noble Ulysse, ce n'est plus une ennemie, c'est une femme qui pleure à tes pieds. Je t'offre mon cœur. Accepte-le.

La beauté de la magicienne semblait augmentée par ses larmes. Mais les recommandations de Mercure étaient présentes à ma pensée, je repoussai doucement la suppliante.

— Circé, lui dis-je en feignant une émotion plus forte que celle que je ressentais vraiment, comment pourrais-je croire que l'amour a remplacé si tôt la haine, dans ton cœur ? et comment mon âme pourrait-elle s'ouvrir à la confiance envers toi qui fus l'ennemie de mes compagnons ? Sais-tu ce que j'exige de toi pour me rassurer : l'inviolable serment des Immortels.

Circé pâlit et essaya de me détourner de ce désir, mais je savais que ma sécurité était à ce prix et je tins ferme. Elle dut prononcer les mots solennels.

— Cher Ulysse, fit-elle ensuite, viens prendre ta part du festin qui m'attend et écarte de ta pensée les sombres idées qui font se froncer tes sourcils. Toute inimitié a disparu entre nous. Soyons joyeux.

Sur un signe de l'enchanteresse, des nymphes avaient apporté une table chargée de mets exquis et des sièges d'or recouverts de tapis de pourpre. Elles posèrent sur mes épaules un somptueux manteau. Circé s'assit à côté de moi, toute souriante. Je saisis sa main :

— Circé, dis-je, je ne puis être joyeux quand mes guerriers, devenus de vils animaux, sont plongés dans la fange. Redonne-leur leur forme d'homme. Je le veux, ajoutai-je avec force en voyant la bouche de la magicienne se crisper de dépit.

— Qu'il en soit donc fait comme tu le veux, fit-elle en soupirant. Tu es le plus fort.

Quelques instants plus tard, mes compagnons sanglotaient de bonheur dans mes bras. Circé elle-même en fut émue.

— Ulysse, et vous, guerriers, dit-elle, ne pleurez plus. C'est le souvenir de vos maux passés qui vous accable. Demeurez dans mon palais autant que vous le voudrez pour vous y reposer de vos longues fatigues. Tout ce que je possède est à votre disposition et quand vous voudrez regagner votre patrie, je vous y aiderai de tout mon pouvoir. Mais je puis te dire dès maintenant, Ulysse, que tu ne regagneras pas Ithaque sans être descendu aux Enfers. Oui, reprit la magicienne au mouvement que je fis, il te faut consulter l'ombre du divin Tirésias, ce prophète illustre qui rendit jadis des oracles à Thèbes. C'est lui qui t'éclairera sur ton destin.

Je frémis, l'effroi faisait trembler mes compagnons.

— Mais qui, m'écriai-je, sera notre guide vers les contrées infernales ?

— Ton destin, dit Circé. Élève la voile de ton vaisseau, qu'aucune main ne s'appuie au gouvernail, et le vent vous guidera. Vous vous arrêterez à un rivage bas où se dressent les sombres forêts de Proserpine[1]. Là, dans une immense grotte, s'ouvre l'empire de Pluton. Le Cocyte au cours lent et le Phlégéton enflammé s'y rencontrent et tombent dans l'Achéron[2] avec un tumulte épouvantable. Avance-toi jusqu'au haut rocher qui les domine, fais un

1. Fille de la déesse des moissons, Cérès, Proserpine est l'épouse de Pluton, le roi des Enfers.

2. Grossi de ses affluents, le Cocyte et le Phlégéton — le fleuve de feu —, l'Achéron constitue la frontière entre le monde des vivants et celui des morts.

sacrifice aux morts et engage-toi à leur sacrifier, à ton retour dans Ithaque, la plus belle génisse de tes pâturages. Les ombres t'entoureront alors et Tirésias te parlera.

Nous étions atterrés, mais le ton de Circé nous prouvait la vérité de ses paroles. Je parvins enfin à calmer l'effroi et l'étonnement de mes compagnons.

— Puisque, leur dis-je, l'Enfer est pour nous la route d'Ithaque, allons en Enfer.

Ces simples mots ranimèrent leur courage.

— Partons ! s'écrièrent-ils.

Et ce fut avec ardeur que, nos voiles hissées, nous attendîmes le vent qui devait nous pousser vers le sombre royaume des morts.

Nous suivîmes avec exactitude les recommandations de Circé. Le cœur ému, j'adressai des prières aux ombres tandis que mes compagnons immolaient un bélier noir en l'honneur de Tirésias.

Le sang de la victime venait à peine de couler que, de tous côtés, nous vîmes s'élever le peuple léger des spectres : vieillards, enfants, enlevés à l'aurore de leur vie, et des guerriers — oh ! tant de guerriers ! — qui se pressaient autour de nous. Tout à coup, je poussai un cri : le pâle fantôme de ma mère me regardait avec tendresse et pitié. À mon départ pour Troie, elle était vivante encore.

— Mère, murmurai-je en pleurant, je t'ai donc quittée pour toujours ? Je t'en prie, parle-moi de mon père, de mon fils, de ma femme. Vivent-ils encore et espèrent-ils me revoir ? Réponds, réponds. Tant de fois dans mes nuits sans sommeil je me suis posé douloureusement ces questions.

— Ils vivent, fait ma mère de ses lèvres spectrales, le chagrin et l'attente n'ont tué que ta mère. Mais qu'ils ont été lourds aux autres ! Ton père, accablé de tristesse, s'est enfermé dans sa maison des champs.

Il s'y traite durement et partage les humbles travaux de ses esclaves. Combien de fois a-t-il appelé la mort qui l'eût délivré de sa peine ! Ta femme n'a pas quitté ton palais, et son fidèle amour pour toi ne s'est pas amoindri. Elle pleure, elle t'attend. Ton fils est grand et beau comme toi, cher enfant.

Je tendis mes bras à ma mère, mais déjà son ombre, pressée par d'autres ombres, se fondait dans les ténèbres. Devant moi passaient en long cortège des visages autrefois connus : Tyro, Épicaste, Iphimédée[1]... et parmi eux ceux des héros tombés dans les plaines de Troie : Achille accompagné de son ami Patrocle, Antiloque, Ajax... Je les appelai en pleurant, mais souriants ou sombres ils passèrent et je les vis s'éloigner et se perdre à travers la noire prairie d'asphodèles. J'avais vu mourir ces vaillants et je m'attendais à les entrevoir chez Pluton mais je sursautai, éperdu, quand l'ombre majestueuse du roi Agamemnon se présenta devant mes yeux. Derrière elle marchaient ses compagnons de lutte, assassinés en même temps que le monarque par le sanglant Égisthe.

— Eh quoi ! fis-je, le cœur percé de douleur, la Grèce a perdu un de ses plus grands héros ! La terre se vide. Que d'ombres qui me sont chères ! Je sens se glacer en moi le désir de la vie si tout ce que j'ai connu et chéri a quitté le séjour ensoleillé des corps. Agamemnon, grand roi qu'a épargné la guerre, est-ce ainsi que ton existence humaine devait finir ! Ah ! la traîtrise qui t'attendit et te fit périr ne me guette-t-elle pas moi aussi sur le seuil de mon palais[2] ?

1. Ce sont des femmes appartenant à des familles royales célèbres (Épicaste est le nom qu'Homère donne à la mère d'Œdipe — Jocaste dans les tragédies antiques).

2. Agamemnon a été assassiné par son épouse au retour de la guerre de Troie (voir note p. 119).

— Non, fit dans un souffle le spectre de l'Atride, nos destins ne furent pas filés par la même Parque [1]. De longs jours te sont réservés, Ulysse, des jours de soleil et de joie. Une calme vieillesse te fera oublier tant d'années tristes et fatigantes et les fils de ton fils sauteront en riant sur tes genoux...

— Ulysse, fils de Laërte, dit à ce moment une ombre blanche de vieillesse qui s'est approchée de moi et dans laquelle je devinai celui qui fut le devin Tirésias, oui, tu vivras, oui, tu couleras d'heureux jours, mais tremble encore. Les obstacles sont nombreux sur ta route. Des Dieux s'acharnent contre vous. Tu rentreras seul dans ta patrie, après avoir vu disparaître tous tes amis. De nouvelles disgrâces t'attendent au sein de ton palais. Ulysse, avant que ton pied ne franchisse ton seuil, bien des fois tu auras envié ces ombres qui errent dans les champs fleuris d'asphodèles.

Le fantôme de Tirésias avait disparu que je l'écoutais encore. Oracle désolant ! Le front dans la main, je soupirai, je pleurai. Mon fils, ma douce Pénélope, mon bon père, les horizons montagneux de mon Ithaque dorée de soleil, quoi, vous étiez si loin encore ! Enfin, je repris courage et relevai la tête. Le peuple des ombres s'était évanoui. La nuit m'entourait. Avec un effort je m'arrachai à mon découragement et je rejoignis mes compagnons que la frayeur avait conduits hors de la grotte. J'eus peine à prendre un air riant pour les rassurer. Ces malheureux n'étaient-ils pas promis à une mort prochaine ?

— Nous n'avons plus rien à faire ici, leur dis-je. L'oracle n'est pas tel que je l'espérais, mais il nous faut partir. Le vent s'élève, il nous emportera loin

1. Les Parques sont trois sœurs redoutables qui tissent le fil de la vie pour les êtres humains dont elles personnifient le destin.

de ces bords. Pour combien de temps ? achevai-je tristement en moi-même.

Ce fut avec soulagement que mes compagnons tendirent les voiles et se mirent aux rames. Assis à la poupe du navire, je regardais mélancoliquement le sillon qui s'élargissait en éventail argenté sur la surface moirée de la mer, quand une douce voix chuchota à mon oreille. Attentif, je me redressai : j'avais reconnu les harmonieux accents de la magicienne Circé. Sans doute, invisible à nos yeux mortels, celle-ci nous avait-elle accompagnés jusqu'au royaume des morts et c'était sa main qui avait tenu notre gouvernail abandonné à lui-même.

— Cher Ulysse, me dit la voix enchanteresse, il me faut te quitter à présent et j'en suis attristée car d'effroyables dangers sont là, tout près de toi : les Sirènes [1], assises dans une verte prairie au bord des flots, préparent pour te séduire leurs chants les plus captivants. Malheur à ceux qui les écoutent. Ils ne reverront jamais leurs demeures. Garde-toi de ces dangereuses conquérantes...

Longtemps, elle me parla à voix basse, me donnant d'utiles conseils. Quand elle se tut, je me tournai vers mes compagnons.

— Amis, fis-je, je sais que nous allons vers un grand péril. Jurez-moi de m'obéir sans murmurer. Bien. Et d'abord, liez-moi solidement au mât de notre embarcation. Serrez les nœuds pour que je ne puisse pas les défaire, quelque désir que j'en aie. Puis, prenez cette cire odorante et que chacun de vous en bouche complètement ses oreilles. Ainsi, nous passerons sans dommage à travers le péril.

1. Les Sirènes sont deux monstres, mi-femmes mi-oiseaux, qui attirent les marins par leurs chants mélodieux pour les noyer et les dévorer.

Mes compagnons m'eurent bientôt ligoté comme il le fallait. Et devenus sourds à tout bruit, même au vent le plus fort, ils reprirent leurs rames. Le navire semblait voler sur les flots.

Et soudain, une musique divine frappa mon oreille. Le cœur étreint d'un ravissement inconnu jusqu'alors, j'écoutai, l'esprit, les sens tendus, ces chants auxquels la voix même de Circé n'aurait pu être comparée.

— Heureux, disaient-ils, heureux les nautoniers qui passent devant ces bords. Jamais ils n'en partiront et nos voix les charmeront pour l'éternité. Venez, mortels, vous enivrer l'âme au chant sans fin des Sirènes...

— Amis ! criai-je à mes compagnons en faisant de terribles efforts pour briser mes liens, coupez ces cordes, laissez là vos rames, descendons sur ces rives divines. Qu'importent la Grèce, nos foyers, nos épouses. Oh ! entendre ces voix ! entendre ces voix jusqu'à la mort.

Un délire étrange, insurmontable, me faisait palpiter, balbutier. J'oubliais toute la vie, mes efforts et mon but au chant sublime des Sirènes.

Mais j'eus beau supplier, ordonner, sangloter, mes compagnons restèrent figés à leurs bancs, courbés sur leurs rames, insensibles à mes prières comme aux voix perfides. Bientôt l'île de mort disparut à mes yeux. Les chants s'estompèrent. Il me sembla que je m'éveillais d'un rêve.

— Qu'est cela ? s'écria tout à coup Euryloque en se dressant épouvanté et le doigt tendu vers une sombre colonne de fumée qui s'élevait dans les airs.

Son geste fut aperçu par nos compagnons et tous les yeux se tournèrent vers le nuage cendreux qui s'élargissait et, s'étendant sur nos têtes, commençait à jeter sur nous une pluie noirâtre et chaude.

En un clin d'œil, ils arrachèrent mes liens et ôtèrent de leurs oreilles la cire qui les obstruait.

— Noble Ulysse, firent-ils, suppliants, sauve-nous. Cette nuée opaque et irrespirable va causer notre mort.

— Non, dis-je, Circé m'a instruit de ce qu'est ce monstre. Il ne peut rien sur nous si nous n'offensons pas davantage les Dieux. La seule chose à quoi il vous faille veiller, c'est à vous soumettre sans un murmure à mes ordres.

Ils me promirent leur obéissance absolue. Alors, je pris en main le gouvernail et, aidé d'Euryloque, je dirigeai l'embarcation loin de ce rocher si élevé que sa cime se perdait dans le ciel.

Devant nous, la mer formait comme un étroit passage gardé d'un côté par ce monstre hurlant qui crachait par six bouches des flammes et des cendres, de l'autre par un rocher qui surplombait à peine les vagues de la mer mais dont l'aspect était effrayant.

En effet, les flots formaient à cet endroit un vaste tourbillon creusé dans son centre. Il semblait qu'une gueule énorme engloutissait là les eaux tumultueuses. Circé, auparavant, m'avait dit les noms de ces récifs et m'avait appris comment les éviter.

Je fis longer au vaisseau les bords du grondant Scylla, manœuvrant de façon à m'éloigner le plus possible du gouffre que Charybde tendait devant nos pas. Comment sommes-nous sortis vivants de cet impraticable chemin ? Seul le Destin qui marque l'heure de la mort pour chacun de nous, pourrait le dire. Mais le gouffre disparut enfin et notre embarcation courut sur des flots tranquilles.

— Une terre ! cria soudain Euryloque avec joie.

Mon cœur se serra. Cette terre dorée et fertile, je

la connaissais. Circé en avait murmuré le nom à mon oreille et je savais le danger qui nous y attendait, danger d'autant plus insurmontable qu'il ne dépendait que de nous, que de notre volonté et de nos appétits d'hommes. Hélas ! ce sont là des monstres qu'il est moins facile de vaincre qu'un Charybde ou qu'un Scylla.

— Ne nous arrêtons pas ici, suppliai-je en voyant que mes compagnons laissaient tomber leurs rames avec des cris de joie. Notre mort nous y attend. Je le sais, j'en suis averti. Ô mes amis, souvenez-vous de votre solennelle promesse de m'obéir.

Je pleurai, je pressai leurs mains avec imploration. Je les exhortai, au nom de tout ce qui leur était cher, de m'écouter, de ne pas poser leurs pieds sur le rivage tentateur de l'île du Soleil. Pauvres insensés ! Ils accueillirent mes prières avec impatience et ironie.

— Tais-toi ! me cria Euryloque. Quoi, tu nous vois accablés de lassitude et de faim, et tu veux nous reclouer à nos bancs. Tu es impitoyable. Le repos, quelques rafraîchissements nous redonneraient des forces, nous n'avons qu'un pas à faire pour les trouver sous ces ombrages. Mais non, un chef tyrannique nous ordonne de poursuivre notre route. La nuit va tomber, la nuit qui apporte les orages. Comment résisterions-nous à de nouvelles tempêtes, épuisés comme nous le sommes ? D'ailleurs, c'est braver les Dieux que de ne pas employer la nuit au repos.

Je suppliai vainement. Tous nos compagnons avaient applaudi aux paroles d'Euryloque.

— Du moins, m'écriai-je, quand je vis que je ne pouvais plus rien pour les retenir, promettez-moi, si vous rencontrez des troupeaux sur ce rivage, de les respecter. Ils appartiennent au Soleil et la colère de celui-ci nous serait mortelle.

— J'en fais volontiers le serment pour moi et pour tous, repartit Euryloque. Nous avons des provisions de vin et de froment, pourquoi toucherions-nous à un troupeau qui ne nous appartient pas ?

Tous attestèrent aussitôt les Dieux que tous les moutons de la terre entière pouvaient paître sans crainte d'exciter leur appétit. Un peu rassuré, je les laissai alors descendre à terre.

De gros nuages s'étaient amoncelés à l'horizon, les vagues s'enflaient, nous tirâmes notre bateau sur le sable et nous nous endormîmes paisiblement.

Pendant la nuit, s'éleva une formidable tempête ; le lendemain et pendant bien des jours le vent dressa, sur la mer, les vagues en montagnes. Tout un mois se passa ainsi. Mes compagnons s'étaient d'abord réjouis de se trouver à l'abri sur le rivage, mais peu à peu l'ennui s'empara d'eux. De plus, nos provisions diminuaient avec rapidité. Il nous fallut pêcher et chasser pour arriver à nous nourrir. Pour moi, je parcourais activement la contrée dans l'espoir d'y trouver des habitants qui pourraient nous secourir.

Un jour, en rentrant d'une de ces expéditions, j'entendis mes compagnons chanter joyeusement sur le rivage, tandis qu'une fumée ondoyait au-dessus d'un grand feu. Je humais l'air et mon cœur se serra : j'avais reconnu le parfum de la viande rôtie. Le pays n'était guère giboyeux et je pensai tout de suite que mes compagnons avaient dû tuer quelques-uns des bœufs et des moutons qui paissaient en troupeau non loin de nous.

— Nous sommes perdus ! fis-je douloureusement.

Euryloque et les guerriers m'accueillirent avec une sorte de gêne.

— Nous n'avons rien à craindre, me dirent-ils aussitôt, car nous avons fait aux Dieux, avant de toucher à ce repas, une offrande solennelle.

— Hélas ! répondis-je en soupirant, rien ne peut désormais nous garantir. Regardez ! Cette peau de génisse se roule à vos pieds, ces chairs rôties exhalent de lugubres mugissements.

— La faim est plus forte que la peur, Ulysse, dit Euryloque levant les épaules, et la bouche pleine. Mangeons, et nous remettrons à la voile le plus tôt possible. Nous nous mettrons, de cette façon, à l'abri de la colère du possesseur du troupeau.

Je refusai de prendre ma part du festin. Et pendant toute la nuit, le cœur percé d'inquiétude, je suppliai les Dieux de ne pas punir ces hommes parjures. Le lendemain matin, la mer était calme, le ciel pur. Tout invitait au voyage.

— Ulysse, s'écria Euryloque, tu nous avais tourmentés sans cause. Les Dieux sont avec nous.

En un clin d'œil, les bagages furent hissés sur le bateau. Nous nous mîmes aux rames et une forte brise nous emporta bientôt loin du rivage.

Mais au moment où nous avions perdu celui-ci des yeux, un nuage s'arrêta au-dessus de nos têtes. Un tourbillon descendit sur nous. Avec une violence inimaginable, brisant d'un même coup notre mât et nos rames, arrachant notre voile, il nous emporta droit devant nous. Les éclairs nous entouraient de leur furie. Mes compagnons furent projetés dans la mer malgré leurs efforts pour s'agripper aux bordages. Je n'eus que le temps de m'accrocher à un débris de vergue puis, me recommandant aux Dieux, je me laissai ballotter par la mer.

De Scylla en Charybde, de Charybde en Scylla, pendant des heures, les deux rochers monstrueux semblèrent prendre plaisir à me rejeter de l'un à l'autre. J'étais à demi évanoui, mais de toute ma volonté je me cramponnai à l'espoir sauveur. Un courant enfin m'emporta loin de ce péril et me jeta sur la plage de l'île de Calypso.

CHANT VI

SUR LES RIVES D'ITHAQUE

LYSSE se tait. Les convives d'Alcinoüs se regardent, attendris.

— Noble roi d'Ithaque, dit enfin le père de Nausicaa en pressant la main du voyageur, tu nous vois émus de tant de malheurs si vaillamment supportés. Chacun de nous aura à cœur de te faire oublier tes misères par des présents afin que tu n'abordes pas dans ton île les mains vides. L'or est le meilleur auxiliaire d'un roi.

Le lendemain, au moment où la vigilante Aurore rosissait la mer et le ciel, Ulysse, après avoir appelé sur la tête d'Alcinoüs et des Phéaciens les bénédictions des Dieux, reprend la mer. Ses rameurs frappent en cadence les flots et le navire s'éloigne. Tandis que son bateau glisse rapidement sur la mer, le héros grec, plongé dans un paisible sommeil, ne sent pas passer les heures.

Le léger choc du navire contre le sable du rivage vient l'éveiller tout à coup. Il semble à Ulysse qu'il n'a reposé que quelques instants, et cependant c'est une nouvelle aurore qui s'est levée. Et sur quelles montagnes glisse le globe vermeil ? Ulysse se dresse avec un cri de joie délirante : Ithaque ! Ithaque ! Voilà l'un de ses ports, celui qui est consacré au dieu marin Phorcys, avec sa demi-ceinture de rochers qui gardent les vaisseaux à l'abri des vents. Et tout près de la grotte qui le domine et où jaillissent d'intarissables fontaines, voici le grand olivier au vaste ombrage.

Ulysse est tombé à genoux sur le rivage, il sanglote de ravissement. Mais les matelots phéaciens ont hâte de retourner dans leur patrie. Ils s'empressent de débarquer tous les présents dont Alcinoüs a chargé l'embarcation et, sur l'ordre d'Ulysse, ils les déposent dans la grotte. Puis, sans attendre de plus amples remerciements, ils remettent aussitôt à la voile et s'éloignent avec rapidité.

Ulysse, après avoir roulé devant l'entrée de la grotte un quartier de roche afin de sauvegarder ses trésors, s'assied à l'ombre de l'olivier et se prend à réfléchir. Soudain il tressaille : un jeune homme qui a toute l'apparence d'un berger mais que son regard fulgurant fait reconnaître pour l'immortelle Minerve, pose sa main sur son épaule.

— Fils de Laërte, dit-elle, plus que jamais la prudence t'est nécessaire. Depuis près de quatre ans, une troupe de prétendants occupe ton palais dans l'espoir de forcer Pénélope à choisir l'un d'entre eux comme époux. Ils ont mis tes biens au pillage. Mais ne songe pas à fondre sur eux. Ils sont nombreux, ils te tueraient. Aie recours à la ruse, elle est plus forte que toute violence, tu le sais. Rends-toi chez Eumée, ton vieux serviteur, un des fidèles intendants de tes troupeaux. Mais je vais te rendre méconnaissable. Je vais cacher ta noire chevelure sous des cheveux blancs, rider ton front, courber ta taille, te vêtir de haillons sordides, et le grand roi d'Ithaque ne sera plus qu'un vieux mendiant qui pourra s'approcher de ses ennemis, des siens même, sans être reconnu. Pendant le temps que tu vivras auprès d'Eumée, j'irai chercher Télémaque jusqu'à Sparte. Je l'y ai mené afin que la Grèce connaisse et estime à sa valeur le fils d'Ulysse. Tu le serreras bientôt dans tes bras. Tes ennemis lui ont dressé une embûche, les pauvres fous ! Ils veulent s'attaquer à Minerve !

Ulysse embrasse avec reconnaissance les genoux de la déesse et tandis qu'il la remercie, déjà la métamorphose voulue par la prudente Minerve agit sur lui. Il se relève, vieux, courbé, les yeux éteints et mornes, un bâton dans sa main tremblante et sur son épaule, par une vieille courroie, est suspendue une besace déchirée. La déesse s'est envolée vers Sparte. Ulysse est seul et méconnaissable.

À pas lents, il s'éloigne du port, il suit à travers les monts ombragés de forêts le sentier raide et raboteux que lui a montré Minerve, et il arrive enfin à la demeure du sage Eumée, le plus vigilant, le plus attaché de tous ses serviteurs.

Mais les étables qui environnent la maison du vieil intendant ne sont plus pleines comme autrefois. Chaque jour en effet les prétendants de Pénélope obligent Eumée à envoyer au palais, pour leurs festins, ses brebis et ses porcs les plus gras.

Au moment où Ulysse s'approche de la ferme, les dogues qui la gardent aboient avec force et accourent vers lui. Mais Eumée s'est précipité, à leurs cris de rage, et a écarté les chiens.

— Que veux-tu, vieillard ? demande-t-il, sans doute as-tu faim et soif. Entre, tu me diras d'où tu viens. Hélas ! chaque fois qu'un pauvre errant frappe à cette porte, je me dis que peut-être mon bon roi, affamé et las, parcourt les villes et les champs étrangers.

Mais Ulysse a tendu de nouveau l'arc redoutable. (Page 226.)

Cette pensée me rend plus sacré le devoir d'hospitalité. Assieds-toi. Les dons que je puis te faire sont de peu de chose, car l'opulence a fui la maison de mon maître et je vois arriver l'instant où les étables seront vides.

Une larme roule sur la joue d'Eumée tandis que celui-ci s'empresse de placer devant Ulysse un quartier de porcelet rôti saupoudré de fleur de farine, et de remplir une coupe de hêtre de vin mêlé d'eau. Et pendant que son hôte mange lentement, Eumée laisse déborder l'amertume et la tristesse dont son cœur est gonflé.

— Mon maître, Ulysse, était riche, dit-il, quand il s'en alla à Troie combattre pour le roi Agamemnon et sa race. Il avait dans les champs d'Épire douze troupeaux de bœufs, autant de brebis, de porcs et de chèvres soignés par de nombreux pasteurs. Mais cette richesse se tarit rapidement. Les fils des principaux chefs d'Ithaque vivent sur les biens du noble Ulysse. Sans doute ont-ils appris qu'il était mort pour oser le déposséder ainsi et enlever leur pain à ses vieux serviteurs. Tout ceci est bien triste, bonhomme, et je me dis que, peut-être, avant peu, je devrai prendre aussi comme toi le bâton de mendiant.

— Et tu regrettes ton maître ? demande Ulysse avec émotion.

— Si je le regrette ! s'écrie Eumée en serrant ses vieilles mains l'une contre l'autre, lui, le plus indulgent, le plus sage des hommes et des rois ! Que n'ai-je pu le suivre sur le vaisseau qui l'a emmené si loin ! J'aurais donné ma vie pour défendre la sienne et peut-être l'aurais-je sauvée ! Ah ! j'ai moins pleuré mes parents... Dieux, ne m'accorderez-vous pas le bonheur de le revoir un jour et devrai-je descendre au tombeau sans avoir pressé de mes lèvres les pieds de mon roi !

— Ami, fait Ulysse avec émotion, j'atteste le maître des Dieux que tu reverras ton maître. À la fin de ce mois il aura reparu dans son palais, il en aura chassé tous ses rivaux. La prospérité renaîtra dans ses biens et la joie refleurira dans ton cœur.

Eumée secoue la tête avec tristesse.

— Acceptons-en le favorable augure, dit-il en soupirant. Mais je ne puis espérer un pareil retour. Il y a si longtemps que nous l'attendons !... Pourtant, fait-il vivement, comment peux-tu attester ainsi les Dieux et me promettre le retour de mon roi, en as-tu donc eu des nouvelles ? L'as-tu vu ? Où cela ? Quand ? Parle, parle, vieillard. Quel pays est le tien ?

— Je suis crétois et mon père avait nom Castor, répond prudemment Ulysse qui n'ose pas se faire reconnaître du fidèle Eumée, bien qu'il lui en coûte. De nombreuses aventures m'ont fait parcourir une grande partie de la Grèce et de l'Asie. J'ai su des nouvelles d'Ulysse sur les terres des Thesprotes[1]. Ton roi, après avoir acquis bien des richesses, était allé jusqu'à Dodone[2] pour consulter le chêne miraculeux et recevoir de lui la réponse de Jupiter afin de savoir si, après une si longue absence de son royaume, il valait mieux qu'il y rentrât ouvertement ou sans se faire connaître.

Eumée lève les bras au ciel avec étonnement.

— Te moques-tu de moi, vieillard ? s'écrie-t-il. Ce que tu me dis d'Ulysse est incroyable et tu veux m'abuser par une fable. Déjà, j'ai été trompé par un Étolien qui prétendait avoir rencontré Ulysse et à qui je fis toutes sortes de cadeaux pour les bonnes nou-

1. Région au sud-ouest de l'Épire.

2. Ville de l'Épire, célèbre pour son temple et son oracle de Jupiter, dont la voix était perçue dans le bruissement des feuilles des chênes sacrés.

velles qu'il me donnait sur son prochain retour. L'épouse de mon roi, son fils ont été presque chaque jour victimes de semblables contes. Je t'en prie, vieillard, ne cherche pas, par ces fictions, à adoucir mes chagrins.

— Incrédule, dit Ulysse en souriant. Veux-tu que nous fassions un traité ? Si ton maître reparaît ici avant un mois, comme je te le promets, tu me donneras une tunique et un manteau pour remplacer ces guenilles. S'il n'est pas là au temps prédit, que tes bergers me jettent du haut de ce roc escarpé et me punissent ainsi de mon mensonge.

Eumée est ébranlé et considère le faux mendiant avec une sorte de crainte respectueuse.

— Je veux offrir aux Dieux un sacrifice en ta faveur, étranger, dit-il. Ce jour est un jour heureux pour moi car, je te l'avoue, ton accent est tel que l'espoir est entré dans mon cœur.

Il appelle à l'instant ses bergers et ceux-ci lui apportent le porc le plus gras du troupeau. Eumée commence le sacrifice, il jette dans les flammes le poil enlevé de la tête de l'animal et demande à haute voix aux Immortels de ramener enfin Ulysse dans son palais. Puis, il égorge le porc, le fait rôtir et après l'avoir divisé en sept portions dont la première est offerte aux Nymphes et la seconde à Mercure, il invite Ulysse à s'asseoir à table et il met devant lui l'échine du porc.

Le festin se prolonge jusqu'au coucher du soleil. Eumée donne à Ulysse pour la nuit sa propre couche, puis, s'enveloppant d'une épaisse peau de chèvre, il va s'étendre dans une des étables.

Cependant Minerve a volé jusqu'à Lacédémone et s'est penchée vers Télémaque endormi.

— Réveille-toi, lui dit-elle, l'aurore va paraître et il te faut quitter bien vite le palais de Ménélas. Ton navire t'attend à Pylos pour te ramener dans Ithaque. Le père et les frères de ta mère veulent obliger celle-ci à choisir pour époux Eurymaque, le plus puissant et le plus riche de ses soupirants. Songe au changement malheureux de ton existence, si ce mariage s'accomplit. Ta mère ne s'occupera plus que de son nouvel époux, que des enfants qu'elle aura de lui. Reviens donc vite dans ton palais afin d'en confier la garde à une esclave expérimentée et fidèle, en attendant que tu te maries. Pourtant, malgré ta hâte de rentrer, sois prudent. Tes ennemis t'ont dressé des embûches dans le détroit d'Ithaque et des rocs de Samé. Confie-toi à la nuit pour les éviter et n'aborde pas directement au port. Fais-toi débarquer au sud, chez Eumée, l'intendant de ton père. Tu passeras la nuit dans sa maison et il ira de ta part instruire Pénélope de ton arrivée. Mais hâte-toi, Télémaque, hâte-toi de regagner Ithaque.

Le jeune prince saute sur ses pieds, s'habille, éveille son ami Pisistrate : l'aube blanchissait le toit du palais.

— Fils de Nestor, ô cher Pisistrate, lève-toi, attelle nos coursiers au char tandis que je vais prendre congé de Ménélas. Nous partons. Un songe envoyé par les Dieux m'a fait souvenir qu'en quittant Ithaque, j'ai négligé de confier mes intérêts à un intendant fidèle. Mon étourderie peut avoir augmenté ma ruine.

Pisistrate se lève aussitôt et court exécuter ce que lui demande son ami. Ménélas, prévenu de ce prompt départ et de sa cause, ne cherche pas à retenir le jeune homme, quelque chagrin qu'il éprouve de le voir s'éloigner. Il veille au contraire à ce que des provisions de route soient placées dans le char et il y joint de beaux présents.

— Reçois le plus précieux de mes trésors, dit-il à Télémaque en le serrant dans ses bras. Je te donne cette coupe d'argent bordée d'or. Vulcain l'a ciselée lui-même. C'est le roi de Sidon qui m'en a fait cadeau, lorsqu'au retour de Troie la tempête me força à demeurer longtemps auprès de lui. Puisses-tu longtemps tremper tes lèvres dans cette coupe et n'y boire que le vin de la joie.

Télémaque remercie Ménélas de son présent qu'il place avec reconnaissance et satisfaction dans le char. Le fils de Ménélas, Mégapenthès, offre aussi au jeune prince un cadeau précieux : une urne d'argent aux éclatants reflets, et à son tour Hélène s'approche du jeune homme. Elle tient dans ses mains un voile qu'elle a brodé magnifiquement :

— Cher Télémaque, dit-elle, je veux aussi honorer en toi le fils du sage Ulysse. Je n'ai pas oublié ce qu'a fait ce héros pour me rendre à ma patrie et à mon époux. Je te donne ce souvenir comme un témoignage de mon amitié. Que ta mère le garde jusqu'au jour où tu en pareras le front de ton épouse.

Télémaque remercie avec émotion, il monte sur le char auprès de Pisistrate, et tandis que Ménélas, tenant entre ses mains la coupe de l'adieu l'incline vers le sol pour les libations, les deux princes s'éloignent au grand galop des chevaux.

Leur cœur est joyeux car au moment de leur départ, un aigle portant dans ses serres un mouton s'est envolé à leur droite. Et ce signe de bon augure présage un heureux voyage pour eux.

C'est en effet ce qui a lieu. La route se fait sans difficulté d'aucune sorte et le lendemain, au coucher du soleil, le char franchit la porte de Pylos.

— Arrête ici, ami, dit Télémaque à Pisistrate au moment où ils passent devant le port. Je veux embarquer immédiatement et je craindrais que dans sa bonté et l'empressement de son amitié, le noble

Nestor ne retardât mon départ. J'ai hâte d'aborder à Ithaque et chaque heure augmente mon impatience.

— Qu'il soit fait ainsi que tu le désires, cher Télémaque, dit Pisistrate. Mon père sera attristé de ne pouvoir t'accueillir de nouveau et je sais d'avance quels reproches il va me faire, mais j'ai trop d'affection pour toi pour ne pas m'efforcer de t'être agréable.

Les jeunes gens sautent du char et Télémaque court au navire qui l'a amené d'Ithaque.

— Pirée, dit-il en saisissant la main du chef des rameurs qui se réjouit de le revoir, partons tout de suite. Il nous faut atteindre Ithaque dans la nuit. Adieu, cher Pisistrate, que les Dieux soient avec toi et qu'ils m'accordent la joie de te revoir bientôt.

Les deux amis s'embrassent. Télémaque entre dans le bateau où les matelots ont déposé les présents qu'il a reçus de Ménélas.

— À bientôt s'il plaît aux Dieux ! répète le fils d'Ulysse en levant la main.

Les rameurs se courbent sur les avirons. Un vent favorable, envoyé par Minerve, tend la voile, et, glissant sur les eaux, le navire sort du port de Pylos. La nuit sans lune tisse autour des voyageurs un voile d'ombre protectrice. Télémaque, le cœur anxieux, l'œil aux aguets, s'est assis à la proue du vaisseau, attentif aux bruits qu'apporte la brise. Il a recommandé aux siens de faire silence et seul le clapotis des lames contre la coque et les rames pourrait révéler la présence du navire.

Sans obstacle, celui-ci aborde à la côte sud d'Ithaque. L'aurore, près de paraître, permet d'entrevoir la campagne. Télémaque est bientôt sur le rivage.

— Rends-toi immédiatement à Ithaque, recommande-t-il à Pirée, et dès que tu seras arrivé, va au palais. Dis à ma mère que je me suis arrêté près de mes bergers pour inspecter leurs travaux et les troupeaux, et que je regagnerai la ville dès demain. Je te confie ces précieux présents. Demain soir, mes amis, nous souperons ensemble au palais.

Une exclamation de Pirée l'interrompt. Un grand vautour passe en rasant le sol à la droite de Télémaque. Il tient dans ses serres une colombe dont il arrache les plumes et celles-ci tombent comme une neige chaude entre le jeune prince et le navire qu'il vient de quitter.

— Ô Dieux, fait Télémaque avec bonheur, ô Minerve immortelle, n'est-ce pas là un signe certain de ma victoire sur nos ennemis ? Oui, j'en suis sûr à présent, je reverrai mon père et le bonheur régnera dans notre demeure.

Il frappe le sol d'un pied joyeux et gravit les pentes qui mènent aux bergeries avec l'agilité d'un chevreau.

Il marche plusieurs heures sans ralentir le pas. Il arrive enfin. En l'entendant, les dogues s'élancent :

— Eumée, fait Ulysse qui, assis à table auprès de l'intendant, prenait sa part du repas de celui-ci, qu'ont donc les chiens ? Sans doute annoncent-ils la venue d'un étranger. Mais leurs aboiements paraissent joyeux comme s'ils connaissaient celui qui arrive.

Eumée s'est vivement approché de la porte et il pousse un grand cri de joie :

— Mon prince, mon cher fils, fait-il en sanglotant de bonheur et en se jetant dans les bras de Télémaque, je croyais ne te revoir jamais. La pensée de ton départ pour Pylos me désespérait. Il me semblait que, pour la seconde fois, j'avais perdu Ulysse, mon bon maître.

Eumée couvre de baisers les mains et le visage du jeune prince, il le contemple avec des yeux ravis. Télémaque, ému, lui a rendu ses étreintes et laisse affectueusement sa main dans les siennes.

Que dire de l'émotion qui s'est emparée d'Ulysse en voyant entrer son fils ? Voici donc ce qu'est devenu l'enfant qui balbutiait à peine quand le guerrier partit pour Troie ? Ce beau jeune homme aux larges épaules, au noble visage et dont le regard étincelant dit la douceur et la fierté. Un tremblement s'empare d'Ulysse, mais à force d'empire sur lui il réussit à se dominer.

— Cher père, dit doucement Télémaque à Eumée, moi aussi je suis heureux de te revoir. Je n'ai pas voulu rentrer directement dans Ithaque, je voulais apprendre d'abord, de ta bouche amie, s'il ne s'y était rien passé de désastreux pour moi. Que fait ma mère ? A-t-elle consenti à choisir un époux, comme le lui conseille son père Icare ?

— Pourquoi méconnaître ainsi la sage et fidèle Pénélope, mon fils ? fait Eumée d'un ton de reproche. Ta mère ne sort pas du gynécée et ses jours se consument dans les larmes. Ton père est toujours l'objet de ses regrets et l'on m'a dit que ton départ l'avait plongée dans une mortelle consternation. Quant au vieux Laërte, ton aïeul, il refuse toute nourriture dans la crainte que les flots ne t'aient pris comme ils ont pris son fils.

Télémaque est entré dans la maison. À sa vue, fidèle à son rôle de mendiant humble, Ulysse se lève et le salue.

— Assieds-toi, vieillard, fait le jeune homme avec douceur. Je ne savais pas, Eumée, que tu avais un ami chez toi.

— C'est, répond l'intendant, un pauvre Crétois qui a eu de bien tristes et bien singulières aventures — il me les contait au moment où tu es entré. Il souhaiterait retourner dans son pays. Je te supplie de le prendre en pitié, de l'abriter chez toi.

SUR LES RIVES D'ITHAQUE

C'est, répond l'intendant, un pauvre Crétois. (Page 202.)

— Je lui fournirai des vêtements et un navire pour retourner dans sa patrie, dit Télémaque avec bonté, car tu m'en parles chaleureusement, Eumée, et comme d'un homme à qui tu t'intéresses. Mais comment veux-tu que je l'accueille dans mon palais ? Tu sais les conditions dans lesquelles je vis. Les prétendants de ma mère sont les maîtres chez moi. Ce sont eux qui ordonnent, et le moindre d'entre eux se donne des airs d'autorité. Je craindrais, en amenant avec moi ce bon vieillard, de l'exposer à quelque cruelle insulte, à quelque brutalité dont sont coutumiers Antinoüs, Eurymaque et tant d'autres.

— Pardonne mes questions, grand prince, fait à ce moment Ulysse que l'humiliation ressentie par son fils bouleverse d'indignation et de colère. Mais pourquoi te faut-il courber la tête sous un joug qui t'est odieux ? Le peuple d'Ithaque t'a-t-il rejeté du trône qu'occupait ton père ? Il me semble que si j'étais le fils d'Ulysse ou Ulysse lui-même revenant de ses longs voyages, je tiendrais tête à cette troupe importune. Et j'en triompherais. Tu es fort si tu es jeune. Cette lance que je vois dans ta main est faite pour combattre. J'aimerais mieux mourir que d'être le témoin impuissant des insultes de ces misérables.

— Bon vieillard, dit Télémaque en rougissant un peu, je me suis souvent fait le reproche que tu m'adresses. Mais il y a des luttes d'avance sans issues. Tu parles d'une « troupe », mais c'est une armée qui occupe mon palais. De la seule Dulichium sont venus cinquante-deux jeunes chefs, tous robustes et vaillants. Vingt-quatre ont débarqué de Samé, vingt de Zacynthe. Douze chefs d'Ithaque se sont joints à eux et chacun a amené un bon nombre de serviteurs. Mon palais n'est plus à moi. Une cohorte de cuisiniers, des musiciens s'y sont établis aussi. Comment veux-tu que je m'attaque à ces puissants ? Je serais aussitôt terrassé et je laisserais ma mère sans aucune défense désormais. C'est pourquoi, depuis des années, il me faut accepter passivement ces insultes et ces amertumes.

Télémaque soupire, Ulysse se tait. Il réfléchit.

— Eumée, reprend le jeune prince, j'attends de toi un service. Rends-toi à Ithaque dès à présent, vois ma mère, préviens-la de mon retour, et sache si je puis rentrer au palais sans danger immédiat pour ma vie. J'ai su que mes ennemis m'avaient dressé un piège avant même que j'eusse abordé ici. Grâce aux Dieux immortels, j'ai pu leur échapper.

Eumée assure son maître qu'il s'acquittera de sa mission avec diligence, et sans plus perdre de temps, il chausse ses sandales et s'éloigne à pas pressés. Télémaque, qui est demeuré tête basse et refléchissant, relève soudain le front, ses regards se portent sur le mendiant crétois et il sursaute, plein d'étonnement, de stupeur : ce vieillard à la peau flétrie, à la chevelure de neige, au dos courbé, est devenu — par quel miracle ? — un homme grand et fort dont la vaste poitrine et les cheveux bruns disent la maturité de l'âge. Le jeune homme croit voir un dieu descendu de l'Olympe ; tremblant, timide, il balbutie avec respect :

— Qui donc es-tu, ô étranger ! Quelle subite métamorphose s'est faite dans ta personne entière ? Ah ! tu es un Immortel, je ne puis en douter. Sois-nous propice. Ramène-nous mon père.

— Télémaque, mon fils bien-aimé, dit Ulysse en ouvrant les bras et en se laissant aller à l'émotion qui le bouleverse. Je ne suis pas un dieu. Ne me prie point mais embrasse-moi. Je suis ton père, ce père que tu as tant pleuré et qui a tant souffert loin de ceux qu'il aimait. Mon fils, mon fils !

Télémaque s'est jeté dans les bras tendus, avec ivresse, avec extase. Ce père dont ses yeux enfantins n'avaient pas gardé le souvenir, son cœur le reconnaît. Son bonheur s'exprime par des gémissements et des sanglots, et les larmes coulent, intarissables, comme les larmes de la douleur. Ô cimes de la Joie, se peut-il que les hommes ne s'approchent de vous qu'avec une stupeur mortelle parfois !

— Mon fils, mon fils ! répète inlassablement Ulysse.

— Père ! gémit Télémaque en se serrant sur le sein paternel.

— Remercions les Dieux, remercions la bienfaisante, la divine Minerve, dit Ulysse en reprenant du calme et s'asseyant auprès de son fils. Ils ont été notre secours, ils nous ont réunis, ils ne nous sépareront plus. Ces ennemis, maîtres audacieux de notre palais, nous les combattrons, aidés des serviteurs qui nous sont fidèles, et nous remporterons la victoire. En me dévoilant à toi, je viens d'obéir aux ordres de Minerve qui n'a pas voulu que je fusse plus longtemps un étranger pour mon fils. Obéissons-lui tous deux car voici ce qu'elle nous commande, ce que sa voix chuchote en ce moment à mon oreille. Rentre au palais dès demain à l'aube. Cherche à savoir quels sont les sentiments de nos serviteurs, ceux des esclaves captives qui servent Pénélope. Nous sont-ils toujours attachés ou se sont-ils laissé gagner par nos ennemis ? Mais ne laisse rien paraître de ton inquiétude, sois muet sur mon retour même vis-à-vis de ta mère et quand tu me verras pénétrer dans le palais, guidé par Eumée et sous la forme que tu connais, que rien dans ton attitude ne puisse faire penser que ce vieux mendiant présente quelque intérêt pour toi. Si, par hasard, on se livrait sur moi à de mauvais traitements, je t'ordonne, mon fils, de dompter les mouvements de ton cœur et de rester impassible. Je sais que ce que j'exige là de toi est difficile à une âme tendre et fière. Mais tu es le fils du sagace Ulysse, la ruse est notre arme la plus sûre.

CHANT VII

DANS LA SALLE DE FESTIN

LES CIEUX sont à peine colorés des roses de l'Aurore quand Télémaque arrive dans son palais.

Il a laissé Ulysse, redevenu par le pouvoir de la déesse un vieillard courbé et las, aux soins d'Eumée et prenant les devants il s'est élancé vers Ithaque. L'intendant lui a narré quelle avait été la joie de Pénélope à apprendre le retour de son fils mais aussi quels inquiétants chuchotements avait causé cette nouvelle dans le cercle des prétendants. Eumée avait nettement entendu Antinoüs déclarer que puisque le guet-apens du détroit avait manqué, c'était dans son propre palais que se finirait le destin du fils d'Ulysse. Mais ce nouveau complot n'a pas changé le dessein du roi d'Ithaque. Il s'est seulement promis de précipiter sa propre venue afin de ne pas laisser à ses ennemis le temps de préparer un assassinat.

La première personne qu'aperçoit Télémaque après avoir déposé sa lance contre une haute colonne, c'est Euryclée, sa nourrice, qui, tout en veillant aux apprêts de la salle, regardait anxieusement vers le seuil.

— Ah ! mon cher enfant, s'écrie-t-elle en fondant en larmes, te voilà ! vivant ! bien portant ! Que les Dieux soient loués !

Les esclaves du palais se sont assemblées autour de leur jeune maître, baisant ses mains avec transport. Mais Télémaque remarque cependant que certains regards sont contraints, que la joie de certaines exclamations sonne mal.

Euryclée a couru avertir la reine. Bientôt Télémaque se trouve dans les bras de sa mère.

— Ma joie, ma lumière, fait celle-ci en sanglotant. Les Immortels ont exaucé mes prières, ils t'ont ramené à moi. Mais, dis-moi vite, as-tu pu savoir des nouvelles de ton père ?

Télémaque élude la question. Il engage la reine à promettre des hécatombes à Jupiter et à tous les dieux s'ils daignent permettre à la Vengeance d'entrer dans le palais, puis, sans attendre de nouvelles demandes qui lui feraient craindre de laisser, dans sa joie, échapper le secret du retour d'Ulysse, il sort vivement.

— Je suis bien aise de te voir, jeune Télémaque, dit Antinoüs en allant à sa rencontre avec un mauvais sourire. Je craignais pour toi les tempêtes.

— Tu ne peux savoir à quel point tu nous es cher et précieux, ajoute Eurymaque qui se mord les lèvres. Je soupirais après ton retour.

Télémaque remercie ses faux amis de leur bienveillance, mais il s'éloigne d'eux rapidement et s'en va converser avec Mentor, Antiphe, Halitherse, les anciens amis de son père. Auprès d'eux il se sent en sécurité. Il les invite à prendre place à côté de lui pour le festin qui rassemble, comme chaque jour, les prétendants dans la vaste salle du palais. Et tous se trouvent bientôt réunis autour de la table où le vin coule à flots et où les viandes, les légumes, les fruits se succèdent sans arrêt.

Tandis que les chants et les rires retentissent dans son palais, tandis qu'y bat sourdement le cœur de Télémaque, Ulysse, suivant Eumée, marche à aussi grands pas que le lui permet son âge apparent. Avec quelle joie profonde le roi rentre dans sa cité ! Il s'arrête à une belle fontaine à l'eau limpide qu'environne un bocage de peupliers et pendant qu'il y boit, des larmes roulent de ses yeux.

— Partons vite, fait Eumée tout à coup, voici venir Mélanthe, le fils de Dolius. Il n'est pas de plus mauvais homme. Paresseux et menteur, il est de plus dévoué aux misérables envahisseurs du palais de notre bon roi. Il ne cherche qu'à insulter et à brutaliser les autres intendants. C'est lui qui s'occupe des troupeaux de chèvres et il ne ménage pas le bien de son ancien roi.

Mais Eumée et Ulysse ne se sont pas éloignés assez vite, le chevrier les a rejoints.

— Oh ! les beaux compagnons ! s'écrie-t-il avec un gros rire. Où mènes-tu ce mendiant ignoble, stupide pâtre ? Il a un visage de fainéant, de vorace et de voleur et il peut s'apprêter à recevoir à la tête tous les sièges du palais. Sûrement les chefs vont lui briser les côtes. Qu'il prenne cela en attendant.

Et Mélanthe, s'approchant d'Ulysse, lui donne un grand coup de pied dans le côté. Puis il s'éloigne en riant aux éclats. Eumée est indigné, il voudrait courir après le chevrier, lui faire payer chèrement sa brutalité, mais Ulysse, maître de lui, calme l'intendant.

— Ce mauvais berger recevra sa récompense, dit-il. Ne songeons plus à lui, et montons par cette voie. C'est bien le palais que j'aperçois là-bas.

Il s'arrête encore en feignant l'essoufflement, tant la vue de cette demeure où il a passé son enfance et où il a été heureux fait chanceler soudain ses jambes.

— On entend les sons d'une lyre, reprend-il, et jusqu'ici nous arrive le parfum des mets ; je crois que je recevrai de riches aumônes de la joyeuse compagnie qui est attablée. Mais quel est ce pauvre animal que je vois sur ce fumier ? Ah ! c'est un chien. Qu'il est maigre ! Sans doute est-ce une bête errante.

— Non, fait Eumée en se baissant vers l'animal et en le flattant doucement. C'est la vieillesse qui lui donne si triste apparence. La vieillesse et aussi le manque de soins. Son maître est parti bien loin et n'est jamais revenu. Les esclaves chargées de le soigner ne s'en occupent pas. Pauvre Argus !

— Argus ! s'écrie Ulysse avec émotion. Mais il se tait bien vite et détourne la tête. Combien de fois n'a-t-il pas appelé ce même Argus quand il partait, l'épieu en main, pour la chasse !

Cependant Argus s'est dressé à son nom. Cette voix, il la reconnaît malgré les années écoulées. Il veut se traîner jusqu'aux pieds de son maître, mais il n'en a pas la force. Il exprime sa joie en agitant sa queue et en baissant les oreilles.

— Argus ! murmure Ulysse en posant sa main sur la tête levée vers lui.

Argus a un regard d'indicible joie. Ce maître qu'il attend depuis vingt ans, il l'a vu, il peut mourir. Et en effet, son regard devient fixe, un soubresaut l'agite. Il n'est plus.

— Vengeance ! dit Ulysse qui renfonce ses larmes. Et, derrière Eumée, il se glisse dans la salle du festin.

— Qu'est-ce que cette ordure ? s'exclame Eurymaque en l'apercevant. Y eut-il jamais plus sordide mendiant ! Irus est d'une rare somptuosité à côté de lui. Irus, mon ami, — ajoute-t-il en s'adressant à un mendiant hirsute et gigantesque qui, assis sur le seuil du palais, a grogné en voyant entrer Ulysse, — ne tolère pas ce nouveau venu. Tu es fort, débarrasse-nous-en. Ce sera un amusement que de vous voir échanger des horions. Je promets une moitié de chèvre à celui des deux qui saura taper le plus fort.

Irus, encouragé, bondit sur Ulysse, mais il a compté sans la force cachée de celui-ci. Le faux vieillard redresse sa taille courbée et son poing, lancé avec vigueur, atteint le mendiant jaloux sous l'oreille. Irus tombe, la mâchoire fracassée, baignant dans son sang. Ulysse le prend par un pied, le traîne hors du palais, puis l'asseyant contre un mur, il se dépouille de sa besace et la lui met sur l'épaule.

— Ne passe plus le seuil du roi, lui dit-il, je te le défends. Reste dans la rue à recevoir l'aumône des passants, mais tu n'es pas digne, homme insatiable et vil, d'être nourri de ce qui tombe de la table d'Ulysse.

Avec calme, le héros est rentré dans la salle.

— Tu es vigoureux, l'ami, dit Eurymaque en riant, et tu as mérité une récompense pour ta victoire. Tu l'auras. Veux-tu être mon esclave ? Tu recevras une tunique, des sandales, de quoi manger à ta faim et des coups de fouet seulement quand je serai d'humeur chagrine. N'est-ce pas un bon salaire, suffisant pour toi ? Paresseux, tu préfères mendier plutôt que travailler. Tiens, prends cette cuisse de porc, si ce n'est pas trop dur pour tes vieilles dents.

Les prétendants imitent l'exemple d'Eurymaque et donnent leur aumône au faux mendiant avec plus ou moins de générosité. Certains l'accompagnent de sarcasmes. Télémaque, pâle et inquiet, suit de l'œil son père qui, fidèle à son rôle, reçoit avec humilité les dons qui lui sont faits. Quand il arrive près d'Antinoüs, celui-ci le repousse durement :

— Misérable trouble-fête, s'écrie-t-il, va porter ailleurs tes guenilles, ou si tu veux absolument une aumône, en voilà une.

Il se baisse, saisit le marchepied où il posait ses pieds et le lance à la tête d'Ulysse.

Celui-ci s'est écarté légèrement, le marchepied l'atteint à l'épaule, mais malgré le choc il ne frémit pas. Son regard s'élève sur Antinoüs avec une telle flamme que celui-ci en est tout interdit. Mais il se reprend vite et abreuve le faux mendiant de menaces et d'insultes. Télémaque se lève de son siège.

— Antinoüs, dit-il, souviens-toi que tu es ici dans mon palais, que cet homme est mon hôte aussi bien que toi et que je ne supporterai pas que tu lui fasses affront.

À ces paroles de Télémaque, la plupart des prétendants poussent d'insolents éclats de rire. Le plus petit nombre se dresse alors violemment contre les rieurs et les rappelle à la décence, et le ton des discussions monte si fort que Pénélope, qui au milieu de ses femmes, dans le gynécée, écoutait avec inquiétude les bruits de la salle, s'imagine que son fils est en danger. Elle entre précipitamment, accompagnée de deux suivantes dévouées.

— Pourquoi ces cris, Seigneurs ? fait-elle avec hauteur quand un regard lui a montré son fils plein d'indignation mais vivant, et contre qui en avez-vous ?

D'un doigt dédaigneux, Antinoüs désigne Ulysse qui baisse sa tête blanche.

— Voilà, dit-il, le bel hôte que se permet de nous imposer ton fils, Reine. Si ta beauté n'était pas là pour excuser auprès de nous l'insolence de Télémaque, les murs de ce palais rougiraient de sang.

— Mon fils, dit ardemment Pénélope en saisissant la main du prince, quoi, tu peux t'asseoir à la même table que ces gens ? Tu es le fils d'un des plus grands héros de la Grèce et tu peux souffrir qu'en ta présence tes hôtes soient insultés ! Mais c'est toi-même qu'on déshonore. Lorsque tu n'étais encore qu'un enfant, tu montrais plus de prudence et de fermeté.

La fierté de Pénélope a rempli le cœur d'Ulysse de douce admiration. Ses yeux se sont attachés sur sa femme et ils la trouvent aussi belle que si vingt années n'avaient pas passé sur ses charmes. Il émane de la reine une telle majesté qu'un grand silence s'est fait.

— Sage Pénélope, dit Eurymaque avec respect, je bénis nos discussions puisqu'elles nous ont donné la joie de ta présence. Si la Grèce entière avait pu t'entrevoir, la Grèce entière remplirait aujourd'hui ton palais et admirerait comme nous ta beauté.

— Je n'ai plus de beauté, fait avec tristesse et mépris Pénélope qui ramène son voile sur son visage. Les Dieux me l'ont ravie le jour où Ulysse s'en est allé vers Troie. S'il rentrait dans sa patrie, si je le voyais gouverner encore sa femme et sa maison, ce serait là toute ma beauté.

— Quoi, toujours cette tristesse, belle reine ? s'écrie Antinoüs. Le grand Ulysse lui-même te convierait à l'oublier. Quand il partit, ne te recommanda-t-il point, au cas où les malheureux hasards de la guerre ne respecteraient pas sa vie, de prendre un autre époux, le prince le plus digne de toi, et cela quand ton fils serait arrivé à l'âge d'homme. Ce jour est arrivé, d'où vient que tu retardes encore et toujours ton choix ?

— Y a-t-il parmi vous un prince digne de moi ? fait Pénélope avec dédain. Où se cache-t-il ? Jusqu'à présent, ceux qui recherchaient la main d'une femme n'avaient pas coutume d'apporter dans sa demeure le désordre et la ruine. Ils manifestaient leurs libéralités par des dons éclatants. Mais ici il n'y a que des pillards.

À ces mots qui les font rougir de confusion et de colère, les prétendants appellent aussitôt leurs écuyers et leur recommandent de courir soit à leur maison, soit à leur vaisseau afin d'en rapporter des présents dignes de Pénélope.

— Ô femme, ô précieuse épouse, songe Ulysse avec joie, tu sais à la fois éloigner avec adresse l'obligation de choisir parmi ces insolents et les obliger à se départir de leur âpreté. L'homme le plus rusé se trouvera toujours joué par une femme.

Cependant les écuyers des prétendants ont apporté les présents destinés à Pénélope, des robes brodées, de riches anneaux et bracelets d'or, des colliers d'ambre, d'ivoire, des boucles d'oreilles étincelantes comme des soleils. La reine reçoit ces dons avec une tristesse qu'elle s'efforce de cacher sous un air d'indifférente dignité. Comment trouvera-t-elle un autre obstacle à cette recherche qui la poursuit et la traque chaque jour plus étroitement ?

Tandis qu'elle songe, le regard perdu au loin, un homme se courbe à ses genoux. C'est celui qui occupe toute sa pensée, c'est l'époux qu'elle pleure. Mais comment le devinerait-elle sous le masque de ce visage ridé et de ces cheveux blancs ?

— Reine, fait avec humilité le vieux mendiant, tout à l'heure, quand le palais sera vidé de ses hôtes et le festin fini, permets que je t'entretienne un instant. Je puis te donner des nouvelles d'Ulysse, je puis aussi t'aider dans cet embarras qui pâlit ton front.

Il a parlé à voix basse. Seules la reine et la fidèle Euryclée l'ont entendu. Pénélope le regarde avec étonnement. Pourtant elle ne sourit point à cette aide que lui fait entrevoir à elle, la reine d'Ithaque, ce vieillard en haillons. Elle n'est plus qu'une pauvre femme traquée, et puis, les Dieux choisissent pour secourir ou punir les mortels, souvent, de bien étranges voies.

Une hâte la saisit. On l'a abusée cent fois en invoquant le nom d'Ulysse, mais toujours ce nom chéri lui a redonné une crédulité nouvelle. Maintenant encore, elle ne se dit pas que ce vieillard peut la tromper pour profiter de son esprit charitable, il a dit « Ulysse » et cela seulement compte pour elle.

Elle fait un signe d'entente qui signifie « à tout à l'heure » et se dirige avec ostentation vers le gynécée. Les prétendants se lèvent pour la saluer. Télémaque s'adresse à Antinoüs.

— Prince, dit-il d'une voix douce afin de faire mieux accepter sa demande, le jour décroît rapidement. Nous ne pouvons rester à table sans offenser les Dieux. Demain un autre banquet nous réunira. Que chacun de nous aille dans le sommeil reprendre des forces.

— Non, fait rudement Antinoüs, tu n'as pas assez de barbe pour que je t'obéisse, jeune homme, et je puis boire encore. Qu'on aille chercher Pénélope. Qu'elle choisisse enfin son époux entre nous. Je ne sortirai pas d'ici avant sa décision.

Ulysse qui se tient près de Télémaque, a chuchoté à son oreille tandis que tous les autres chefs approuvent bruyamment Antinoüs.

— Et si je prenais l'engagement envers vous que demain, quand nous nous réunirons pour le festin, ma mère fera enfin le choix dont on la presse ?

— Ta parole est de peu de poids... commence Antinoüs.

— Tu ne peux parler ainsi, ami, fait vivement Eurymaque à son compagnon. Si Télémaque nous en donne l'assurance...

— J'en jure par les Dieux, dit solennellement le jeune homme. Demain verra la fin de cette longue indécision.

Eurymaque et plusieurs autres chefs, dont les yeux se ferment, se lèvent alors en proclamant que ce serment les contente. Ils entraînent Antinoüs et ceux qui résistaient. Bientôt Télémaque demeure seul avec le faux mendiant dans la salle désertée. Au loin s'estompent les bruits de pas et de voix des convives.

— Mon fils, dit à voix basse Ulysse à Télémaque, profitons de cet instant. Prenons toutes les armes qui sont accrochées dans cette salle et transportons-les au haut du palais. Demain, si Antinoüs ou quelque autre te demande ce qu'elles sont devenues, tu répondras que la fumée des festins les noircissait et que, de plus, tu as craint que l'ardeur du vin excitant parmi eux des querelles et des combats, la vue de ces armes pût leur donner envie de faire couler leur sang. Mais appelle Euryclée, recommande-lui de fermer la porte du gynécée afin qu'aucune esclave ne puisse voir l'endroit où nous déposons ces armes.

La vieille nourrice obéit docilement à l'ordre de son cher Télémaque ; bientôt les casques d'airain, les boucliers arrondis, les javelots acérés sont en sûreté dans un réduit situé au plus haut du palais.

— Va dormir maintenant, mon fils, commande Ulysse, je dois parler à ta mère, et il faut que tu prennes des forces pour la grande lutte de demain.

Tandis qu'Ulysse demeuré seul réfléchit et invoque Minerve, Pénélope appelle ses esclaves. Elle est impatiente d'interroger ce vieillard qui lui a promis des nouvelles de son époux.

— Venez, leur dit-elle, remettre tout en ordre dans la salle de festin, remplacer les flambeaux, parer de nouveau les tables. Nous n'irons dormir que lorsque cela sera fait.

Elle s'approche d'Ulysse et s'assied sur son trône au pied duquel il s'est accoudé.

— Parle, dit-elle avec impatience. Aie pitié de l'attente de mon cœur. Raconte-moi ce que tu sais d'Ulysse.

À voix basse, tandis que les servantes s'empressent à ranger la salle, Ulysse raconte en quelques mots à la reine le long emprisonnement qu'il a subi chez Calypso, la mort de ses compagnons devant Charybde et Scylla, l'accueil sauveteur qu'il reçut chez les Phéaciens. Il dit toutes ces choses comme si lui, le mendiant crétois — car il n'oublie pas son rôle — il les avait apprises de la bouche d'Ulysse lui-même. Il l'assure que son époux est tout près d'Ithaque, tout près de ce palais, qu'il la délivrera avant peu des poursuites importunes qu'elle subit depuis tant d'années.

Pénélope sanglote de bonheur et d'espoir. Elle ne peut douter que ce qu'on lui rapporte ne soit la vérité car Ulysse lui a donné le détail des vêtements qu'il portait à son départ pour Troie, il a nommé les écuyers qui l'accompagnaient. Ce vieillard a vraiment vu Ulysse, il a vraiment parlé avec lui.

— Bon père, dit la reine en saisissant les mains du faux mendiant, désormais tu seras l'un des hôtes honorés de cette demeure, et si mon époux, pour ma joie suprême, — Dieux ! comment pourrai-je ne pas expirer de bonheur en le revoyant ? — rentre dans son palais, tu ne t'en éloigneras plus. Euryclée, baigne les pieds de cet ami, apporte-lui une riche tunique, forme-lui un lit de nos meilleurs tapis. Demain il prendra son repas avec mon fils.

Euryclée se penche devant Ulysse et dépose un bassin plein d'eau tiède et parfumée. Ulysse essaye en vain de refuser cet hommage. La cicatrice d'une blessure reçue jadis dans une chasse au sanglier enfonce dans un de ses genoux sa ride profonde.

Euryclée ne peut pas ne pas la voir en lui lavant les pieds. Il tente donc de l'éloigner. Mais la vieille nourrice s'entête. Le son de voix, la stature de cet étranger lui rappellent ceux de son maître. Elle s'agenouille devant lui. Et ses doigts se posent sur la cicatrice.

— Tais-toi, fait tout bas Ulysse en mettant sa main sur la bouche d'Euryclée que la stupeur et la joie ont fait s'évanouir à demi. Oui, je suis Ulysse, mais tais-toi. Garde-moi encore le secret.

Euryclée, par un énergique effort, est revenue à elle, elle baise la main de son maître. La reine, toute à ses pensées, n'a pas remarqué cette scène.

— Je mourrai plutôt que de parler, dit-elle. Que les Dieux te fassent vainqueur de tes ennemis.

— Bon vieillard, fait à ce moment Pénélope en s'approchant, j'ai éprouvé tant de bonheur à parler avec toi que je voudrais te demander un conseil. Tu sais les malheurs de ma vie et les insolentes prétentions de tous ces chefs venus de Zacynthe, de Samé, d'Ithaque même. J'ai retardé tant que je l'ai pu le moment de choisir entre eux, mais demain, mon fils le leur a promis, il me faut prendre un parti. Songe quelle douleur est la mienne. Ulysse est près d'ici, tu me l'as dit, je le crois, mais si je proclame cette nouvelle, quelles embûches ne tendra-t-on pas à mon époux ? Voici ce que j'ai imaginé. Nul homme sur la terre ne peut être aussi fort, aussi adroit qu'Ulysse. Son arc est célèbre et personne, excepté lui, ne pouvait le tendre tant il y fallait d'adroite vigueur. Sa flèche était si sûrement lancée qu'elle traversait douze bagues. Je vais dire à ces rivaux que celui qui tendra l'arc d'Ulysse et traversera les bagues sera mon époux. Fassent les Dieux que je ne sois pas trompée dans mon espoir. Fassent les Dieux que nul ne puisse égaler Ulysse !

— Rassure-toi, Reine, fait Ulysse heureux de ce stratagème ; avant qu'aucun de ces prétendants indolents et amollis soit parvenu à courber cet arc, avant qu'aucune de leurs flèches ait passé à travers les bagues, Ulysse sera devant toi, dans ton palais.

Son accent est si plein de force et de vérité que Pénélope en frissonne. Une sérénité remplit son cœur. Ce lendemain qu'elle regardait venir avec terreur, elle l'attend à présent. Elle presse la main du faux vieillard et rentre avec ses femmes dans le gynécée. Jamais plus doux sommeil n'a fermé ses yeux.

L'Aurore s'assied sur son trône d'or, et dans le palais les bruits se raniment un à un. Ulysse s'est levé le premier. Il a dormi dans le vestibule sur une couche de peaux de brebis. Son premier soin est d'implorer Jupiter et Minerve sa protectrice. Les esclaves allument de grands feux, broient le grain et s'empressent aux apprêts du prochain festin. Euryclée donne à chacun sa tâche. Eumée est le plus tôt venu ; il s'approche amicalement d'Ulysse. Un chevrier l'accompagne. C'est Philète, un intendant, fidèle ami et serviteur du roi. La vue d'Ulysse l'émeut. Le souvenir qu'il a gardé de son maître lui fait entrevoir une grande ressemblance entre lui et ce mendiant.

— Je croirais qu'Ulysse est devant moi, s'écrie-t-il en pleurant. Mon pauvre roi ! peut-être erre-t-il ainsi, vieilli avant l'âge, nu et sans ami. Ah ! je donnerais ma vie pour l'entendre prononcer mon nom.

— Calme-toi, berger, dit Ulysse en posant sa main sur son épaule. Ton maître paraîtra bientôt, j'en jure par les Dieux. Je ne te demande qu'une chose ainsi qu'à Eumée, ne vous éloignez en cette journée ni de moi, ni du prince Télémaque.

Les deux intendants échangent un regard étonné. Les questions se pressent sur leurs lèvres, mais déjà le palais se remplit de la foule des prétendants. Le bruit des coupes et des rires commence à se faire entendre. Télémaque a pris place à la table, réservant auprès de lui un siège pour son père.

D'un léger signe de tête celui-ci refuse cette place pour quelque temps encore, il veut n'être qu'un mendiant et il s'assied à terre, sur le seuil, dans une humble attitude.

CHANT VIII

PAR LES CHEMINS SANGLANTS JUSQU'À LA JOIE

VA-T-ON nous imposer longtemps la vue de cette horreur ! s'écrie Antinoüs en regardant Ulysse avec colère. Tiens, convive de marque, et puisse ce rôti t'étouffer !

Il a saisi un pied de bœuf et l'a lancé avec force à la tête d'Ulysse qui évite le coup. Eurymaque retient sa main.

— Ne recommençons pas, dit-il, les ridicules discussions d'hier. Une seule chose nous rassemble aujourd'hui : le choix que Pénélope va faire de l'un de nous. Antinoüs, je ne me sens pas d'humeur à sourire de grossières plaisanteries. Mes pensées sont graves, tristes même. Je ne sais pourquoi, mais il me semble que cette salle a quelque chose de funèbre et qu'il y flotte un parfum de mort.

— Tu es sot ou insensé, dit brusquement Antinoüs, les seuls cadavres que contienne cette salle sont ces brebis appétissantes et ces génisses dorées à point. L'odeur qui s'exhale de ces coupes n'a rien de mortel.

Mais pourquoi Pénélope tarde-t-elle encore ? Esclaves, dites à votre maîtresse que nous l'attendons, que nous sommes las de ses larmes et qu'il « faut » qu'elle vienne.

Le ton d'Antinoüs a été si menaçant que l'indignation et la haine bouillonnent dans le cœur d'Ulysse. Pourtant il se contient encore, son supplice sera fini avant peu.

Pénélope est entrée. Elle tient dans ses mains avec respect l'arc formidable dont Iphite, le Messénien, fit naguère présent à Ulysse. Ses femmes la suivent portant le carquois doré rempli de flèches aiguës et un coffret d'airain qui contient les douze bagues d'argent.

— Écoutez-moi, princes et chefs, dit la reine avec majesté. Vous osez ambitionner dans mon cœur et à mes côtés sur le trône la place du divin Ulysse. Bien longtemps, j'ai combattu votre audace, tant je suis sûre que nul n'est capable d'égaler les hautes vertus de mon époux. Mais puisque votre entêtement et la volonté de mon père me forcent aujourd'hui à choisir un nouveau maître de ma destinée, je veux au moins m'unir à un homme dont l'adresse et la force ne soient pas trop inférieures à celles de l'époux que je pleure. Vous ne pouvez rivaliser avec ce héros ni pour l'intelligence, ni pour la bonté. Je m'inclinerai, si vous parvenez à l'égaler par vos muscles. Celui qui tendra cet arc et dont la flèche rapide traversera les douze bagues, celui-là sera mon époux.

— Ah ! s'écrie Télémaque avec inquiétude car il n'est pas au courant de l'entente de Pénélope et d'Ulysse. Rivaux, je veux moi-même essayer de tendre cet arc. Si j'y arrive, ma mère ne sortira pas de ce palais.

Il dit et rejetant son manteau, il creuse dans la cour une longue tranchée. Sur des pilastres apportés par les esclaves, il attache les anneaux que doit traverser la flèche, puis il revient sur le seuil du palais et essaie de tendre l'arc. Par trois fois la corde échappe de sa main. Plein d'ardeur, il fait un quatrième effort, mais alors ses yeux rencontrent le regard de son père, ils y lisent la défense de réussir, et feignant le dépit :

— Je suis trop jeune, dit-il, je ne puis lutter. À votre tour.

Il tend l'arc à Eurymaque. Celui-ci le saisit et tente de courber l'arme terrible. Vains efforts. Ses bras s'abattent de fatigue, tandis qu'autour de lui d'ironiques acclamations retentissent. Chacun des prétendants croit avoir plus de succès que lui. Léodès prend l'arc à son tour.

Même insuccès.

— Mélanthe, commande Antinoüs au chevrier, apporte ici de la graisse et fais chauffer le bois de cet arc. Il en sera plus flexible. Là, c'est bien. À toi, Antynome, montre-nous ton adresse.

Mais pas plus qu'Eurymaque et Léodès, Antynome ne parvient à tendre l'arc, malgré ses efforts. Ulysse a peine à déguiser sa joie. Pénélope, les mains jointes, n'ose pas respirer. À tour de rôle, les chefs usent leurs forces sans parvenir même à tendre l'arc à moitié.

— Cessons ce jeu sans intérêt, déclare Antinoüs qui vient d'essayer inutilement le dernier. Il n'appartient pas à un mortel de tendre l'arc du héros mort. Il faudrait être Mars en personne.

Ulysse s'avance à ces mots et lui retire l'arme des mains. Puis se tournant vers Télémaque :

— Permets-tu que j'essaye aussi ma chance, prince ? lui demande-t-il.

Une clameur faite de cris de fureur et d'ironie retentit alors. Antinoüs, au comble de la colère, indigné de voir ce mendiant haillonneux oser se mettre sur le même rang que lui, porte la main à son glaive pour l'en transpercer. Mais ses compagnons l'arrêtent. Une curiosité amusée les tient.

— Tu le tueras tout à l'heure, disent-ils à Antinoüs. Et tous, le cou tendu, sans respirer, suivent le moindre geste du faux vieillard.

Sans effort, Ulysse a tendu son arc, puis, prenant une des flèches empennées il la pose sur la corde. Il vise. Le trait, sans frôler même la première bague, traverse les douze minces cercles avec rapidité.

— Je t'ai fait honneur, n'est-il pas vrai, Prince ? fait-il alors en se tournant vers Télémaque, et les dédains de ces chefs ne m'ont pas enlevé ma force ni la sûreté de mon coup d'œil. Mais voici le temps de préparer à ces hôtes le festin du soir à la face du ciel. Les chants et les danses termineront la journée.

Il a commandé d'un geste à Eumée et à Philète de fermer la lourde porte du palais. Et tandis que celle-ci roule sur ses gonds — car les deux serviteurs, reconnaissant leur maître, ont obéi aussitôt — Ulysse, toujours armé de son arc, se retourne vers les prétendants ébahis.

— Ce combat si périlleux est donc terminé, leur dit-il d'une voix sardonique. Essayons maintenant si je puis atteindre un autre but qu'aucun homme n'a encore touché, et voyons si Apollon, l'archer divin, me donnera la victoire.

— Amis, s'écrie Antinoüs, que veut dire ce fou ? Qu'on l'écrase, qu'on l'étrangle, qu'on fasse un tamis de son corps !...

Il veut s'élancer, mais Ulysse a tendu de nouveau l'arc redoutable et la flèche atteint Antinoüs à la gorge. Elle le perce de part en part, le chef roule à terre dans des flots de sang.

Le tumulte remplit le palais. Presque tous les convives étaient venus sans armes, ils se précipitent pour prendre celles qui sont d'habitude suspendues dans la salle. Ils ne trouvent rien, ni bouclier, ni lance. Et pendant ce temps Ulysse fait une hécatombe de ces hommes affolés. Chacune de ses flèches troue une gorge ou une poitrine. Le sang ruisselle. Les cris d'agonie remplissent d'échos la salle de festin. Euryclée a entraîné Pénélope et a refermé sur elle, sur ses suivantes en pleurs, les portes du gynécée. Tous les esclaves ont fui.

Télémaque, Eumée, Philète debout à côté du héros abattent de leurs javelots ceux qui osent se ruer contre lui. Un véritable rempart de corps étendus entoure Ulysse.

— Misérables chefs, crie celui-ci d'une voix formidable qui retentit comme le tonnerre. Êtes-vous les seuls qui ne m'ayez pas reconnu ? Je suis Ulysse. Que faites-vous dans ma demeure ? Je vous en chasse. Allez, allez, au royaume des ombres dire aux guerriers tombés dans les combats que vous enviez leur mort glorieuse. Ô lâches qui vous offrez à mes flèches comme les brebis au couteau du sacrificateur !

— Amis, crie Agélaüs qui s'est fait un rempart d'un morceau de table, passez par la petite porte de cette salle, courez ameuter le peuple. Qu'il vienne nous délivrer.

— L'issue est gardée, répond Mélanthe en gémissant, le misérable Eumée l'a barricadée !...

Il ne peut rien ajouter ; un javelot lancé par Philète s'est enfoncé dans sa gorge. Il rend dans un râle son âme de serviteur infidèle.

Cependant Télémaque et Eumée voyant que s'épuisent les flèches d'Ulysse lui ont apporté d'autres armes. Et les javelots sifflent et s'enfoncent. Léodès s'est jeté aux genoux d'Ulysse, il l'implore, mais en vain. Rien ne peut plus arrêter la colère du héros. Elle est comme un grand torrent devant lequel aucune digue ne résiste et qui roule, en balayant tout, vers l'abîme de la mer.

Léodès tombe sur les dalles, expirant. Et sur lui s'entassent les corps sans vie de ses compagnons de fête. Une épouvante infinie les a terrassés presque sans combattre. N'ont-ils pas vu, parmi le tumulte sanglant, planer la grande ombre farouche de Minerve, déesse des batailles ?

Ulysse laisse tomber son bras lassé de donner la mort. Il regarde tous ces hommes baigner dans leur sang. Le triomphe dilate son cœur, cependant il détourne les yeux avec horreur, tant est effroyable le spectacle de cette salle ensanglantée.

— Télémaque, dit-il à son fils qu'il a pris entre ses bras, tu es vivant et sans blessure, les Dieux m'ont protégé aussi, je ne puis donc m'affliger d'une telle hécatombe. Ils furent injustes, ils voulaient notre mort. Jupiter les avait condamnés.

— Mon père, fait Télémaque, que dira le peuple à la vue de ces cadavres qui furent les fils, les frères, des plus puissants d'Ithaque ? Tant de tumulte n'a-t-il pas déjà mis l'alarme dans la cité ? Que ferons-nous si le palais est assiégé ? Comment lutter contre tout un peuple ?

— Que les esclaves emportent ces corps sous le portique, dit Ulysse avec calme, qu'elles lavent les dalles, les tables, les murs de cette salle. Demain, je saurai faire taire ceux qui oseraient élever la voix. Mon fils, ce bras a vaincu Troie, la cité aux héros sans nombre, et tu croirais qu'une poignée de bergers peut m'apporter un instant d'inquiétude ? Si tu le penses, ouvre toutes grandes ces portes. Ce n'est pas demain, c'est aujourd'hui, c'est sur l'heure que je veux affronter les habitants d'Ithaque.

Ulysse apparaît sur le seuil de son palais. Minerve lui a rendu sa force et sa beauté. Il se dresse, imposant et semblable à un Immortel. Le peuple s'assemble, à la fois plein d'admiration et de crainte. Dans cet homme, debout et fier, il a reconnu son roi. Mais il aperçoit là-bas, sous le portique, les corps ensanglantés qui sont alignés comme pour une funèbre parade, et les cris, les imprécations, les sanglots jaillissent de la foule.

— Silence ! fait Ulysse d'une voix tonnante. Sur les bords du Styx se sont assemblées les ombres de ceux que vous appelez en vain. Écoutez, écoutez ce qu'elles disent, ce que j'entends : « Notre punition est juste. Ce sont les Dieux qui l'ont voulue, ce sont eux qui ont amené et armé la vengeance, qui ont arraché Ulysse aux sombres abîmes pour le jeter devant nous. Plus de cris, plus de colère. Nous n'attendons plus de vous, ô nos mères, ô nos sœurs, que des sanglots. Ils nous aideront, comme des ailes légères, à franchir les sombres rives, à marcher dans les champs élyséens. » Peuple, apprends à te courber sous la volonté des Dieux.

La terreur pâlit tous les fronts. Cependant Eupithès, le père d'Antinoüs, s'avance, le poing tendu :

— Roi assassin, crie-t-il, tu as tué mon fils et tu viens dire : « Les Dieux sont avec moi ! » Qui me le prouve ? Quoi, tu oses paraître devant nous, rouge du sang de nos enfants et tu voudrais voir se courber nos fronts, nous voir applaudir à tes meurtres ? Jamais. Cette mort que tu n'as pas trouvée dans les champs de Troie t'attend sur ce seuil. Et c'est cette main qui va te la donner.

Eupithès se rue sur Ulysse, la lance au poing, mais le roi d'Ithaque s'est penché. La pointe redoutable passe à côté de lui et, emporté par son élan, le père d'Antinoüs s'enferre de lui-même sur le glaive qu'Ulysse tenait à la main.

— Les Dieux ont prononcé, crie Mentor à voix haute. Ulysse est sous leur protection. Résignez-vous, vous tous qui pleurez. Qu'iriez-vous chercher dans d'autres luttes ? Ce bras est invincible. C'est Minerve elle-même qui se tient auprès d'Ulysse.

À ce moment, et comme pour augmenter encore la crainte qui habite les cœurs, le tonnerre fait entendre sa voix. De longs éclairs zèbrent le ciel d'été. Jupiter manifeste par ce signe le courroux qu'il tient prêt à épancher vers le peuple d'Ithaque.

Toute résistance disparaît. Soumis et silencieux, le peuple s'écoule. Les familles en deuil emportent leurs morts, cherchant à éteindre jusqu'au bruit de leurs sanglots.

Ulysse est demeuré immobile, contemplant majestueusement cette colère qu'il a domptée avec l'aide des Dieux. Comme naguère, il a su tenir tête aux éléments hurlants, à la mort sournoise, ainsi il se retrouve debout hors des passions humaines.

— Père, dit Télémaque en s'approchant du héros avec respect, ah ! c'est ainsi que j'ai toujours rêvé voir mon père : calme et fort, dominateur des tempêtes. Mais rentrons dans le palais, je t'en prie. Euryclée a averti ma mère, nous allons la trouver.

— N'est-ce pas la porte du gynécée qui s'ouvre ? demande Ulysse d'une voix changée.

— Certes ; et voilà Pénélope qui s'avance vers toi.

Il semble à Ulysse que ses genoux se dérobent sous lui. Et cependant, n'est-ce pas tout simple de tendre ses bras à celle qui s'approche, si pâle et les yeux baissés, de lui dire : « Me voici, le cœur pareil, malgré les années et l'absence ? »

Ulysse, la gorge serrée, s'est appuyé contre une colonne, celle même d'où il a tiré la première flèche de mort. Pénélope s'est arrêtée devant lui, elle est aussi blanche que son voile brodé.

— Ma mère, fait Télémaque surpris de ce silence, eh quoi ! tu peux rester comme insensible devant celui qui est tout notre amour ? Ne reconnais-tu pas ton époux ?

— Est-ce bien Ulysse ? demande Pénélope d'une voix tremblante et lointaine.

— Oui, ma chère maîtresse, tu n'en peux douter, s'écrie Euryclée en pleurant. Ton cœur ne te le dit-il pas ?

Pénélope a levé ses beaux yeux vers le héros toujours immobile et muet. Un indicible étonnement s'y mêle à la méfiance.

— Je l'ai tant attendu ! murmure-t-elle comme pour elle-même. Est-ce bien lui ?

— Ô ma femme, s'écrie alors Ulysse dont les yeux se remplissent de larmes joyeuses. J'admirais ta beauté naguère. C'était cela surtout qui charmait mon âme. Mais de te trouver, toi qui appartiens à ce sexe plein d'élans aveugles, si maîtresse de toi, si défiante, si capable de raisonner, ah ! je suis fier de t'avoir donné mon cœur ! Parfois des époux vivent l'un auprès de l'autre toute leur vie sans vraiment se connaître, sans avoir pénétré réciproquement leur pensée secrète. Amie si douce à mon âme, compagne parfaite de celle-ci dans ses prudences comme dans ses ingéniosités, je n'ai pas trop chèrement payé les vingt années d'effort et de souffrance qui m'ont permis de t'estimer ce que tu vaux.

— Ah ! ce sont bien tous les traits de mon Ulysse, c'est bien sa voix, murmure Pénélope défaillante. Mais dis-moi un mot, donne-moi un détail que tu sois seul à connaître, je t'en supplie.

— Eh bien, dit doucement Ulysse, fais préparer notre couche, cette couche que j'ai taillée moi-même dans le bois robuste de l'olivier et que mes mains ont incrustée d'or, d'argent et d'ivoire. Bien-aimée, nul ne peut la connaître que moi. Viens-y dormir en paix, sur mon cœur.

Et tandis qu'Ulysse serre dans ses bras sa femme anéantie de bonheur, le Soir, sous le regard des Dieux souriants, verse sur la terre le poids léger de ses pavots.

TABLE DES MATIÈRES

Contes et Récits tirés de l'*Iliade*

Contes et Récits tirés de l'*Odyssée*

À découvrir dans la même collection :

Contes et légendes des chevaliers de la Table Ronde
Laurence Camiglieri

Les contes d'Excalibur
Alain Demouzon

Contes et légendes de l'Égypte ancienne
Marguerite Divin

Contes et légendes des pays d'Orient
Charles Dumas

Contes et légendes des Antilles
Thérèse Georgel

Contes et légendes du temps d'Alexandre
Contes et légendes de Babylone et de Perse
Pierre Grimal

Contes et légendes du Moyen Âge français
Marcelle et Georges Huisman

Contes berbères de Kabylie
Mouloud Mammeri

Légendes et récits de la Gaule et des Gaulois
Maguelonne Toussaint-Samat

POCKET jeunesse
12, avenue d'Italie • 75627 PARIS Cedex 13
Tél. : 01.44.16.05.00